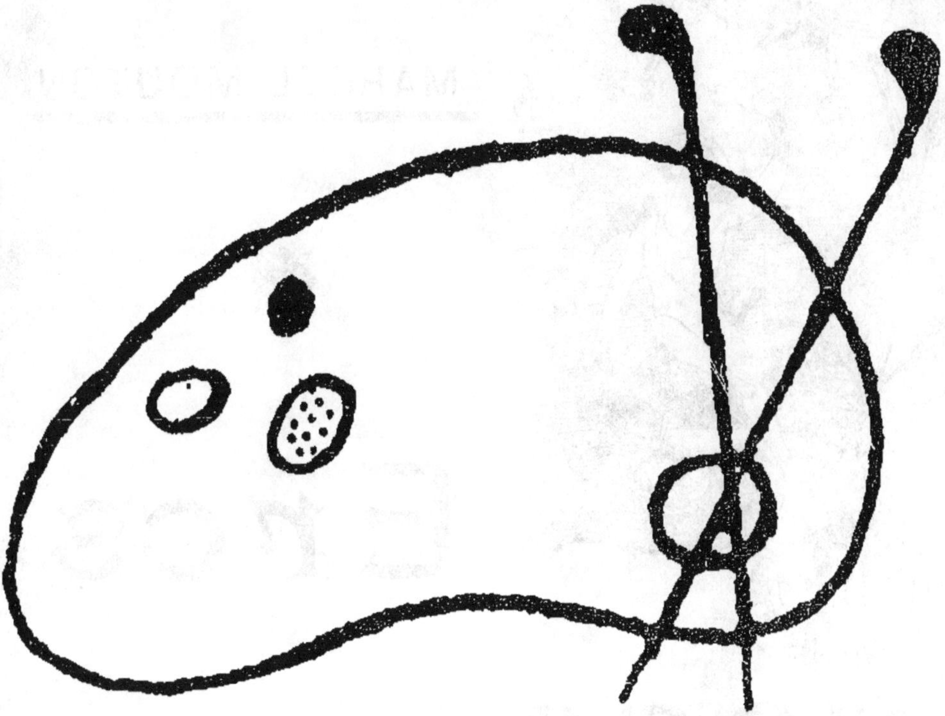

Début d'une série de documents
en couleur

MARCEL MOUTON

Eros rosse

PARIS
SOCIÉTE LIBRE D'ÉDITION
DES GENS DE LETTRES
12, Rue d'Ulm, 12

SOCIÉTÉ LIBRE D'ÉDITION DES GENS DE LETTRES
PARIS — 12, Rue d'Ulm — PARIS

COMTE PAUL D'ABBES
Un de nous, roman contemporain, 1 vol. in-8 . . . . . 3 fr. 50

ALFRED BONSERGENT
Myosotis, roman, 1 vol in-18. 3 fr. 50

NONCE CASANOVA
Le Choc, roman in-18 . . . . 3 fr. 50

LOUIS CALVINHAC (Député)
Vers la justice, 1 vol. in-18. 3 fr. 50

JEAN DALVY
La Belle Préfète, roman (4ᵉ édition), 1 vol. in-18 . . . . . 3 fr. 50
Folle de haine, roman (3ᵉ édition), 1 vol. in-18 . . . . . 3 fr. 50

HENRI DATIN
Maîtresse et femme, roman 1 vol. in-18 . . . . 3 fr. 50

MAURICE D'AUBERLIEU
Deux Ames, poésies 1 vol. . . 1 fr. 25

JACQUES DEBEUF
Ode virile, (au Tzar), 1 brochure in-octavo) . . . . 0 fr. 50

LÉON FERBEYRE
Le Gendre du Président, roman, 1 vol. in-18 . . . . . 3 fr. 50
J'aime ma femme, roman, (couverture illustrée de G. Couturier), 1 vol. in-18 . . . . 3 fr. 50

EUGÈNE FRANÇOIS
Les Comédies du jour, poésies 1 vol. in-18 . . . . 3 fr.

JEANNE FRANCE
La baronne de Langis, roman (3ᵉ édition), 1 vol. in-18 . . 3 fr. 50
Simples histoires, 1 vol. in-18. 1 fr. 50
Théâtre de salon, 1 vol. in 18. 2 fr.

J. FRANCE ET C. D'HARRANS
Duchesse, roman, (2ᵉ édition) 1 vol. in-18 . . . . 3 fr. 50

JOHAN GAVRE
Sous le ciel de Naples, 1 vol. in-18 . . . . 3 fr.

JULES JEANNIN
Contes des champs et des rues, 1 vol. in-18 . . . . . 3 fr. 50

MICHEL JICÉ
Quand le tour est joué, roman humoristique ill., 1 vol. in-18. 3 fr. 50

TRISTAN LEGAY
Avant vingt ans, poésies (préface de F. Mistral), 1 beau vol. in-18 . . . . 4 fr.

HENRY L'HUISSIER
La grande nuit, nouvelles, 1 vol. in-18 . . . . 3 fr. 50

CAMILLE MITAL
Les Treize jours de Michel Mornaix, petit roman militaire, fantaisiste et humorist., 1 vol. in-18 . . . . 1 fr. 25
Par Elle, poésies, 1 vol. in-18. 1 fr. 25

LOUIS MONTLAHUC
Le vrai chemin d'Annibal à travers les Alpes, 1 vol. in-18 jésus avec cartes . . . . . 2 fr. 50

J. DE PERETTI DELLA ROCCA
La Comédie du Cœur, poésies 1 vol. in-18 . . . . 3 fr.

HENRI RAINALDY
La Voix de la mer, un acte en prose représenté pour la première fois à Paris, le 24 juin 1896 (2ᵉ édition), 1 vol. in-18. 1 fr. 25
La Pâture, (pour servir à l'histoire des mœurs sous Notre République Une et In-di-vi-sible), 1 vol. in-18, couverture de G Streib (4ᵉ milles) . . . 3 fr. 50

LOUIS ROGUELIN
Jacques Moreau (Mœurs de Province), préface d'Emile Faguet (2ᵉ mille, 1 vol. in-18 . . 3 fr. 50

LOUIS TÉRIX
Tranches de vie moderne, (L'ENQUÊTE — AVANT LE BAL), comédies en un acte, en vers, 1 vol in-18 . . . . 1 fr. 25
Cycle d'Amour, poésies, 1 vol. in-18 . . . . 3 fr. 50

Capitaine VERDIER (J.-H.)
L'esprit militaire, 2 vol. in-18. 6 fr.

MARCELLE VERMONT
Pédaleuse, roman (couverture illust.)(3ᵉ édition), 1 vol. in-18. 3 fr. 50

VICTOR VALLET
Lyre d'Escholier, poésies . . 0 fr. 75

MARCEL MOUTON
Tendresses et Rancœurs, 1 vol. poésies. Préface de Fr. Coppée (de l'Académie française) . 3 fr. 50
Les Joies cruelles :
Rut pour la vie, roman de mœurs, 1 vol. in-18 . . . . 3 fr. 50
Chair de Dieu, roman passionnel, 1 vol. in-18 . . . . . 3 fr. 50

Tours et Mayenne, imprimeries E. Soudée.

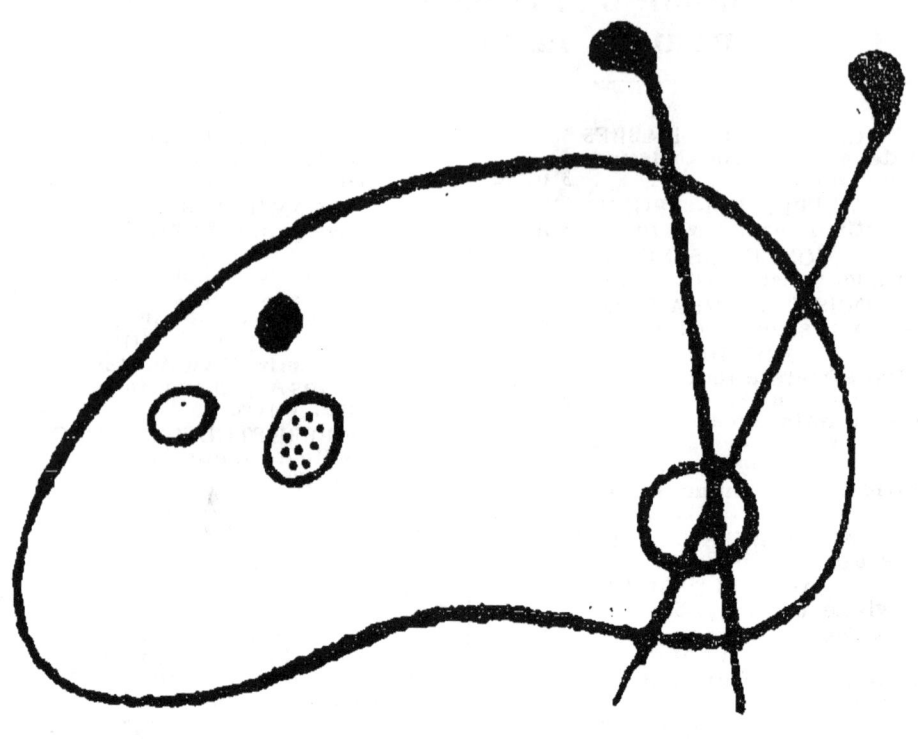

Fin d'une série de documents en couleur

Éros rosse

Tous droits de traduction et de reproduction rigoureusement réservés, pour tous pays (y compris la Suède et la Norvège).

OEUVRES DE Marcel MOUTON

Tendresses et Rancœurs
Préface de F. COPPÉE, de l'Académie Française

Edition elzévir. Complète en 1 volume............ 3 fr. 50
— — (*Luxe*)........... 20 »»
Une plaquette illustrée (*Extraits*).................. 1 »»

" LES JOIES CRUELLES "

Rut pour la Vie
Roman de Mœurs.

1 volume.. 3 fr. 50

Chair de Dieu
Roman passionnel.

1 volume.. 3 fr. 50

Eros rosse

1 volume.. 3 fr. 50

POUR PARAITRE PROCHAINEMENT:

Royal Inceste
(ANNA BOLEYN. — LA HAQUENÉE DU ROY)

GRAND ROMAN HISTORIQUE, ILLUSTRÉ

EN PRÉPARATION:

Rôdeuses
(*Impressions de route, Croquis et Croquettes*)

Coins d'Histoire
(*D'après Documents et Mémoires intimes du Général MOUTON*)

MARCEL MOUTON

Eros rosse

PARIS
SOCIÉTÉ LIBRE D'ÉDITION DES GENS DE LETTRES
12, RUE D'ULM, 12

M DCCC XCVII

...Lui ??

— ⋙ —

... Il n'a point d'âge, il est toujours naissant.

(Pascal.)

... Il est je ne sais quoi, qui vient de je ne sais où, et qui finit je ne sais comment.

(Mlle de Scudéry.)

.. Il ne meurt jamais de besoin, il meurt souvent d'indigestion.

(Ninon de Lenclos.)

... Ceux qui font la guerre, pendant que d'autres font l'amour, mériteraient une petite distinction.

(Voltaire.)

... Il est le roman du cœur, et le plaisir en est l'histoire.

(Beaumarchais.)

... Dans l'état social, il n'a peut-être de raisonnable que sa folie.

(Rivarol.)

.. C'est un commerce orageux qui finit toujours par une banqueroute.

(Champfort.)

... C'est l'égoïsme en deux personnes.

(Boufflers.)

.. La femme qui se le fait payer, vend ce qu'elle n'a pas.

(Basta.)

... La civilisation a fait de lui une science et un combat.

(Prévost-Paradol.)

... Il est aveugle, mais a du flair !

(Général Mercier, Artilleur.)

... C'est une affection de la peau...

(Un Lâche Anonyme.)

. . . .

Eros rosse

Or, dans leur char attelé de colombes — blanche ressouvenance de l'aventure où, grâce à la nymphe Péristère, Vénus-Aphrodite eut, en une heure, cueilli deux fois plus de fleurettes que son fils Eros qui l'en avait défiée, — dans leur char attelé de colombes, parmi le cortège envolé des Grâces, des Ris, des Jeux, des Plaisirs et des Attraits, la Déesse et le Dieu des Amours, au loin, très au loin des perspectives mauves de mon Rêve,...

... ont passé.

Accoudée parmi des frissons de satins et de dentelles, fanfreluches de nuées irisées, lambeaux d'azur que, chaque soir, Royalement, offre à la Déesse, pour ses coquetteries du demain, le Soleil des Couchants, Cypris me parut triste et comme lasse d'être si belle.

A sa gauche, la dévisageant d'un petit air frondeur et, — Zeus me damne ! — monocle à l'œil et cigarette aux dents, Eros, Eros lui-même se prélassait.

Chacun était muet.

Et je compris pourquoi...

Assis sur le bord du chemin, Harpocrate, pensif et demi-nu, répandait du silence...

Quand ils l'eurent dépassé, Cypris secoua le joli dépit de ses épaules, contraignit ses lèvres à une moue qu'un mortel eût pris encore pour un sourire, cependant que, plus frondeur, Eros tournait la tête et lançait vers le Fâcheux une bouffée impertinente de fumée dont deux ou trois volutes s'effilochèrent, toutes bleues, emmi les blonds cheveux de la Déesse.

— *Tu t'ennuies,... Toi !...* se moqua le jeune lutin, rapprochant son visage de celui de sa mère, et lui prenant les mains.

D'un geste inachevé, Aphrodite fait signe que non. Mais Eros n'a regardé que ses beaux yeux et voit dans leur onde se refléter une tristesse.

— *Taisez-vous, méchant garçon !...* gronde gentiment la Déesse, malgré soi trahie. *Je n'ai rien .. rien qui vous intéresse.*

Alors, comme il lui sied, quand on ne le voudrait entendre, le méchant garçon, plutôt que de se taire, se reprend à jaser :

— *Fille du Ciel et de l'Ecume, que, dès ta naissance, les Heures emportèrent, sur leurs ailes, dans l'Olympe, où les Dieux extasiés te firent immortelle,...*

... Toi qui, d'abord, à tous, leur préféra Vulcain, malgré qu'il fût si laid, mais parce qu'il te semblait très fort,... puis te livras à Mars, mon soudard de père, et, ensuite, au prince Anchise, ce fat, ce séducteur troyen dont, sur

le Mont Ida, la passion abusa de tes divines complaisances jusqu'à te valoir la naissance d'Énée,...

... Aphrodite, qui désertas le Ciel pour l'amour d'Adonis, fils incestueux du royal Cynire et de Myrrha, sa fille, et pourchassas son humaine beauté jusqu'au fond des forêts où tu le trouvas mort,...

... Belle Inconsolable qui, du sang de l'Aimé, fis épanouir l'anémone, Impudique Victorieuse du Jugement de Pâris, Éternelle Adorée du culte des Vivants, Divinité Profane d'Amathonte, de Paphos, de Gnide, de Lesbos et de Cythère,...

... vers qui, vers quoi se tournent, à cette heure, ta pensée de Futile, ton caprice d'Insatisfaite, ta soif de Voluptueuse et ton amertume de Blessée ?

A quoi songes-tu,... dis ?

D'une voix douce et lente et mélancolique comme un murmure évocateur de lointaines tendresses, Aphrodite ose livrer tout entière à l'espièglerie de son fils, l'onde des beaux yeux où se reflète une tristesse et répond :

— Je songe à ce que tu devines, curieux enfant, je songe aux beaux jours de l'Olympe, où, Zeus notre maître, nourrisson de la chèvre Amalthée, élève des Corybantes et enfin vainqueur de son père Saturne, fut devenu Dieu du Ciel et de la Terre et époux de Junon, sa sœur.

Ah! le doux temps, Eros, où ce Dieu des plaisirs se métamorphosait en Satyre pour surprendre Antiope toute nue,... en pluie d'or pour corrompre Danaë dans sa tour d'airain,... puis en taureau pour ravir Europe, fille d'Agenor,... puis en cygne pour enjôler Léda, femme de Tindare,... puis en Diane elle-même pour abuser de Calisto et enfin,... — abominable variante à sa lubricité! — en aigle pour enlever le gracieux Ganymède, fils de Tros...

— ,.. et lui conférer les fonctions de cette pauvre Hébé, qu'au moyen d'un fil à la patte, je fis choir bêtement en pleine Olympe, tandis qu'elle versait le nectar. .

— Tu dis vrai, ô ma mère, c'était là le beau temps !

— Méchant ! qui fis répudier Hébé la Craintive.

— Et toi, Tyrane, qui changeas en caillou, Arsinoë, riant aux funérailles d'Arcéophon mort pour elle,... qui conduisis Pasiphaë au Taureau dont elle conçut le Minotaure,... qui intriguas auprès de Zeus pour vachamorphoser Io... Que sais-je encore ?...

— Eros, mon enfant, n'accable point ta mère. Songe plutôt à tes propres forfaits, à cette flèche que tu refusas à Narcisse pour entr'ouvrir son cœur et sa chair aux prières des Nymphes, à ses pieds, mourantes de désirs.

Songe à l'acariâtre Eris dont, si souvent, tu permis l'intervention de discorde parmi les cœurs que tu tenais enchaînés,... Songe aussi aux horreurs que tu incitas à Junon-l'Accoucheuse,... aux désespoirs dont tu fis périr la triste Phyllis lasse d'attendre le retour de Crète de son amant Démophoon, Phyllis qui se pendit à un amandier, par quoi les amandes eurent la saveur âpre de ses peines, Phyllis, enfin, que, pour les humains — ô petit meurtrier ! — plus tard, tu sextuplas.

— Mère, veuille-le bien, ne disputons plus sur nos exploits réciproques. Si j'instituai dans l'Olympe le Barreau des Érotics, avec Priape, Bacchus et Hermès, sous la férule de Phallus, Grand-Bâtonnier du Désordre,... tu ne dédaignas point toi-même, de présider aux divinités impures de Cotytto, Perfica, Prema, Pertunda, Lubentie, Volupie et autres petites vicieuses de moindre impudence.

Et ce ne fut que lorsque Zeus nous fit mander auprès de Lui et nous déclara, sans ambages, que, l'Olympe exaspérée de nos plaisanteries, réclamait la clôture ou notre expulsion immédiate, que nous résolûmes de nous consacrer exclusivement aux humains.

Nous confondîmes nos deux puissances en une seule et tu devins, ô ma mère, la Déesse de Volupté et moi, le petit Dieu Volage.

Un jour que nous nous étions faits méchants et dangereux, on m'opposa en palliatif, Mercure-Hermès et pour prévenir tes coups de pied, ô Vénus-Cypris, on imagina de te retrancher les bras.

N'empêche, ô blanche et douce mère, que notre culte ne fut jamais sapé parmi les hommes, depuis le sage Solon, fondateur des dictérions de tolérance, qui t'éleva des temples à Samos, à Ephèse et à Abydos, avec le produit de la prostitution des aulétrides et des hétaïres, bachelières-ès-Voluptés des Séminaires de Milet, de Naucratis et de Corinthe,... jusqu'à Monsieur Bouguereau (de l'Institut) qui, aujourd'hui encore, à pinceau-que-veux-tu, me fait voler sur ses toiles et tomber dans ses panneaux.

— *Notre mission devient fastidieuse, soupira la Déesse, toujours morose.*

— *Tu trouves, ô ma mère?,..*

Pour ma part, je dois reconnaître que mes victimes n'épargnèrent à mon nom aucune épithète de gratitude ou de fureur, de haine ou de sarcasme..

Je fus, tour à tour, le dieu malin, l'enfant cruel, le bourreau des cœurs, l'amour béni, le porte-clef des Songes,... d'aucuns s'avisèrent même de prétendre en musique que j'étais enfant de bohème, sans toit ni loi,... et à cette heure, à cette fin de siècle gouailleuse et désenchantée, me voilà après « Eros vanné », rebaptisé « Eros Rosse ».

Bannis ta tristesse, ô Mère souvenante, il est encore, par le monde, de beaux jours pour nous deux.

Soyons rosses puisque tels la mode nous exige, soyons très rosses en attendant de devenir féroces et pire encore.

Et, si pour noyer la mélancolie qui t'obsède, tu ne consens à te baigner, ce soir, dans le Scamandre, ce fils de Zeus et de Doris, qui se fit fleuve pour se rendre « immortel », — que les temps ont changé ! — viens, ô Cypris, laissons-nous dévaler le long de cette pente, jusqu'aux Enfers, aux alentours du Tartare où nous plongerons ensemble nos nostalgies d'Olympe, dans la voluptueuse amertume du Cocyte dont les flots maudits roulent éternellement les larmes et les détresses de tous ceux qui crurent en nous...

. . . .

. . . .

Lors, dans leur char attelé de colombes, — blanche ressouvenance de l'aventure où, grâce à la Nymphe Péristère, Vénus-Aphrodite eut, en une heure, cueilli deux fois plus de fleurettes que son fils Eros qui l'en a défiée, — dans leur char attelé de colombes, parmi le cortège envolé des Grâces, des Ris, des Jeux, des Plaisirs et des Attraits, la Déesse et le Dieu des Amours, au loin, très au loin des perspectives grises de mon Rêve,...

... ont passé !

M. M.

PREMIÈRE PARTIE

LE CARQUOIS ET LES FLÈCHES

Chi lo sa ?...

Lui. — *Bezo las manos y los pies, Senora.*
Elle. — *Senor, en el medio, esta la mejore stacion.*
(Flirt Espagnol.)

Nous étions tous deux dans son boudoir, son boudoir discret comme une tombe, — une tombe à renversements, — et drapé de lourdes tentures en damas vieil or, doublées de satin cerise.

Sur un sofa, étendue, paresseuse, ELLE nonchalait en le délicieux déshabillé d'un peignoir de mousseline crême, aux manches courtes, bouillonnantes de Malines, telles deux roses-thé mousseuses d'où surgissaient ses bras, ses bras de caresses félines, dont la seule vue me harcelait de folles envies de mordre.

Moi, j'étais à ses pieds, Sigisbée sans parole, accroupissant sur un coussin mon admirative prostration, les mains ballantes, le regard livré à des records de va-et-vient, de la fine cheville gantée de soie noire, impertinente parmi le blanc mystère des dessous froufrouteux, à la gorge exquisement angoissée — tourterelle épeurée sous la mousseline — et dont un coin rose me narguait derrière un petit entrebâillement polisson du peignoir.

Parmi les douceurs de pénombre noyant la pièce, un parfum d'iridées flottait lascif, me montant au cerveau, par bouffées chaudes, capiteuses,... en effluves voluptueusement subtils.

Elle était triste,... toute triste.

— Pourquoi cet affreux papillon gris sur tes beaux yeux aimés? interrogeai-je avec une poésie digne de M. de Montescoup.

Lasse, elle entr'ouvrit ses lèvres et, une langueur de contrainte dans la voix, laissa choir :

— *Chi lo sa?...*

J'oublie de mentionner qu'Elle professait un véritable culte pour les locutions de langues étrangères.

Pas un jour ne s'égouttait de la vasque moussue du Temps dans l'insondable bassin de l'Éternité, sans qu'elle articulât quelque bribe de phrase anglaise, russe, allemande ou italienne.

Pour lui complaire, j'avais appris à lui répondre dans le même idiome. C'était de la *Babelomanie* en chambre. Ainsi, chaque soir, au moment de se mettre au lit, elle s'exclamait dans le plus pur dialecte d'Albion :

— O blissful bed !... Blessed be the man who invented beds !...

(*O bienheureux lit!... Béni soit celui qui a inventé les lits!...*)

A quoi je répliquai, blindé d'une assurance de gentleman plus ou moins *rider* :

— Aoh yes... milady!

Ou bien encore, elle soupirait, minaudant comme une *fraulein* pas tout à fait pubère :

— Wollen-sie mit mir schlaffen?

— Ya woll!!! hululais-je, en irruant toutes mes virilités dans ses draps larges ouverts...

Elle honnissait les langues mortes, par exemple. Qu'elle fût issue de race latine, elle s'en foutait. Pas pour deux sous de préjugés ataviques chez cette femme-là.

Il fallait se garder comme du feu de lui poser le moindre latin dans la conversation, voire ailleurs.

Lors, je poursuivis mon interwiew :

— Voyons, jolie capricieuse, serais-tu déjà lasse de nous aimer?

Voilà dix jours, dix nuits à peine que nous feuilletons à deux ce divin roman.

Pourquoi ne plus sourire?

De la même voix excédée elle répéta :

— *Chi lo sa?...*

Ces trois syllabes obsédantes, lourdes comme autant de kilos, commençaient à m'énerver, à me produire l'exaspérante impression de petits poids me lapidant les orteils ou d'une plume de paon arachnéant emmi les profondeurs de mon système olfactif. (Quoique très distancés l'un de l'autre, ces deux centres sensitifs ne sont point sans secrètes affinités entre eux. Voir Larousse, névropathie.)

Armé jusqu'aux dents de tendresse inémoussable et caparaçonné de patience sereine, je m'acharnai au questionnaire :

— Dix jours, dix nuits de caresses et de félicités. Comme ce temps a été court, mais bien rempli !

Et pourtant, quelle caresse plus spéciale, quelle douceur, quelle joie plus inédites aurais-je omises dans notre programme amoureux?

Dis, parle,...

— *Chi lo sa?...*

— Encore !!! Serait-ce donc un regard nouveau, un baiser inappris, une étreinte indicible qui auraient échappé à mes tendres remembrances(!)..?... Oh! parle, ma chérie, parle, de grâce!.. je me sens capable de te prodiguer les dédommagements les plus...

— *Chi lo sa?...*

— Encore !!! Las ! j'ai beau me torturer la cervelle, m'ingénier à d'étranges découvertes, à d'intraduisibles évocations, à d'érotiques machiavélismes,... je ne trouve rien, rien, rien !...

Et pourtant, ce qu'il te manque, ce que ta tristesse réclame, doit exister....

— *Chi lo sa?...*

— Oh ! torture... anémie cérébrale, atrophie

des méninges, pourquoi, Cruelle, ne point m'aider à pouvoir clamer cet *Euréka* d'amour ?..

Eh! bien, non, vois-tu, ma chérie, m'écriai-je désemparé devant le silence granitique et narquois de cette belle enfant gâtée, eh! bien, non, j'en ai assez, je renonce à débrouiller cet arcane... zut!.. je donne ma langue au chat...

— ...Langue au chat!.. soupira en écho langoureux la sphynge soudain rieuse et frémissante... Et ses yeux pervers se noyèrent d'une brume de rêve et ses lèvres humides se tendirent, telles qu'une fleur pâmée offerte au baiser, et sous le peignoir de mousseline crème, parmi le fouillis odoriférant des Malines, sa chair de jolie Vicieuse se crispa toute,.. amoureusement suppliciée.

Le Marasquin

— Toi, Guy !... toi, mon Guy !... exclama l'exquise petite madame Martin en sautant au cou du lieutenant Dupin de la Crétinière, soudain surgi au seuil de son boudoir.

A quoi, l'officier répondit avec l'organe du clown Footit parlant au nègre Chocolat :

— Soâ même !

Et, au beau milieu d'un baiser liminaire, leurs lèvres unies laissèrent cascader un double éclat de rire jailli du cœur.

Une brutale appréhension fit desserrer l'étreinte de la jeune femme.

— Et *lui* ? interrogea-t-elle.

Dans le style télégraphique dont il était coutumier, en ce parler petit-nègre qui faisait de lui, un des officiers les plus transcendants et select du 28e hussards, le lieutenant Dupin de la Crétinière daigna rassurer :

— Risque rien... Martin pèse encore bottes de foin... F'tu en plan, aux magasins à fourrages, où j'tais d'service... Ai abandonné corvée à mon mar'chal d'logis... Quel rasoir c't'animal d'Martin !

A-t-il de sales fournitures pour la troupe et une délicieuse petite femme pour MM. les officiers !...

Rougissante, juste ce qu'il seyait pour paraître plus jolie encore, Madame Martin, l'âme sereine, ressauta au cou de son idole en dolman bleu-de-ciel.

Pour plus de commodité dans leurs effusions, le lieutenant saisit, d'une main, son sabre par le fourreau, de l'autre, la jeune femme par la taille et déposa le tout sur un canapé prochain. Puis, entre les deux, à son tour, il s'installa.

Il y eut un silence. Elle, contemplait gourmande son irrésistible guerrier. Son regard mouillé s'embroussailla d'abord parmi la fine moustache blonde de son amant, puis sautilla par-dessus les brandebourgs de soie noire du dolman à la taille savamment corsetée pour l'avantage des hanches, enfin descendit le long de la culotte garance, bouffante aux cuisses et collante aux genoux et pensa presque se mirer au vernis impeccable des bottes Chantilly.

Tout cela c'était lui, tout ce lui c'était pour elle ! Dieu ! qu'il est des femmes heureuses ici-bas et que l'adultère est séduisant et la vie rose sur la poitrine à brandebourgs d'un hussard bleu ou d'un oléagineux tzigane !

— Nous n'avons qu'une heure à nous aimer,

observa le lieutenant entre deux lampées de baisers sur la nuque de Madame Martin, emmi les frisettes fleurant bon le lilas.

— Une heure seulement !

— Cinquante-neuf minutes, rectifia le ponctuel amoureux.

— Alors, mon Guy, mettons les bouchées doubles.

— P'tite vicieuse !

— Auparavant, mon adoré, je veux que tu me dises encore une fois que tu m'aimes autant que je t'aime et que, surtout, tu ne me méprises point !

— Mais oui, j't'aime !... Mais non, j'n'te méprise point !... V'là des histoires !... Toutes les mêmes ces femmes mariées. A quoi bon gaspiller notre temps en discussions, en protestations stériles ?... Si j'n't'aimais pas, s'rais pas ici !... Si j'te méprisais, j'paierais tes faveurs, comme celles d'une fille...

— Oui, tu as raison, mon bel houzard ! triompha la chère petite. Je demeure pour toi la femme honnête d'un imbécile, d'un lourdaud de mari, la femme qui, malgré tout, contre tous, s'est donnée à l'élu de son cœur, à toi, mon Guy, mon lieutenant !

— ... *Son* lieutenant, tu veux dire, rectifia derechef l'officier faisant allusion à l'insuffisant époux.

Ils rirent encore en chœur et de bon cœur.

— Guy, murmura la jeune femme, va tirer les

stores, ce jour crû me fait loucher quand tu m'embrasses.

Tiens, tu ne sais pas ?... Je voudrais nous aimer à la flamme de cierges qui ne baigneraient nos tendresses que d'une demi-lueur rose.

— A la lueur de demi-cierges, c'est à la mode, risqua le lieutenant en pleine performance d'esprit.

Il alla tirer les stores.

Ce qui permit à Eros de tirer ses conclusions et me contraint moi-même à tirer ici un vague trait d'incompétence.

Un coup de sonnette !

— Mon mari !... râla la mignonne Madame Martin encore toute pâmée.

Dans le suggestif désarroi d'un peignoir mauve aux dentelles ravagées, elle s'élança héroïquement vers l'antichambre, la physionomie déjà illuminée de ce frêle sourire de candeur cynique à l'usage des adorables petites femmes adultères courant sus au cocu de leurs rêves.

Que faire pour tout sauver ? Elle ne savait, la pauvrette, ne cherchait même pas à savoir.

Il fallait, d'abord, ouvrir la porte, puis, par un stratagème quelconque, retenir son mari loin du boudoir, pour ménager une facile retraite au lieutenant.

— Toi, mon chéri !... réexclama-t-elle en sautant au cou de Monsieur Martin avec la même légèreté d'âme, que tout à l'heure à celui de Guy.

Jacassante comme une petite pie, elle entraîna le brave homme vers la salle à manger.

Lui, radieux, content de soi et de sa journée, se laissait faire, n'attendant qu'un interstice dans le bavardage de sa femme, pour placer un mot.

Mais elle parlait, gesticulait de plus belle et, dans un recul brusque, son coude rencontra le robinet d'argent d'un petit baril en cristal, empli de marasquin, et faisant partie d'un service à liqueurs étagé sur le buffet.

Arraché sous le choc, le robinet chût parmi l'escouade de gobelets de mousseline complétant le service, et un liquide rougeâtre, sirupeux, dégoulina du baril sur le parquet.

— Ton marasquin !! clama Monsieur Martin qui, avec une admirable présence d'esprit, posa un doigt célère sur l'orifice du récipient.

A la vue du malheur, Madame exhala à son tour un cri tragique de fausse épouvante et s'enfuit vers le salon, balbutiant éplorée :

— Tiens bon, mon chéri, ne bouge pas d'un cran !.. Je vole à la recherche d'un bouchon.

— Ce n'est rien, calme-toi, ma mignonne, marmonait l'impavide Monsieur Martin, resté seul à la salle à manger, un doigt toujours scellé au trou du barillet.

Deux, puis trois minutes s'écoulèrent, sans que la liqueur ainsi contenue, en pût faire autant.

— Eh ! bien, Fifine... ce bouchon ?..

— Voilà, mon chéri, voilà !..

Ce n'était pas précisément un bouchon que Madame Martin et le lieutenant de la Crétinière cherchaient sous les meubles du salon.

Au cours de leur tendre duo aux stores baissés, le képi de l'officier avait roulé ils ne savaient où.

— Je ne puis pourtant sortir d'ici nu-tête !... rageait à voix sifflante, le beau Guy, toujours à quatre pattes et furetant sous le canapé témoin élastique de ses joies interrompues.

Comme pour la troisième fois, éclataient là-bas les appels de Martin qui s'impatientait, il s'avança à pas de loup jusque derrière la porte d'entrée et du dard de son sabre brandi, fit carillonner la sonnette.

Madame avait compris.

— Une visite ! cria-t-elle, je vais ouvrir.

Elle ouvrit la porte, en effet, et les salutations les compliments les plus respectueux, s'échangèrent à voix haute dans l'antichambre.

— C'est Monsieur de la Crétinière ! annonça joyeusement la douce impudente.

Entrez-donc, cher ami, fut-il répondu de la salle à manger. Entrez ici,... accourez à mon aide !

Le lieutenant Guy Dupin de la Crétinière accéda à la suite de Madame Martin à deux pas de l'époux outragé, mais fidèle à sa mission.

En quelques mots, on le mit au courant du désastre.

Monsieur Martin prit ensuite une main de l'officier dans la sienne restée libre.

— Ah! Ah! fit-il, jovial, vous venez vous excuser de votre faux-bond d'aujourd'hui aux magasins à fourrages. Encore une histoire de jupons, hein ? Soyez sans inquiétudes, allez. En entrepreneur loyal, j'ai passé à votre sous-officier mes foins les plus avariés.

Puis, attirant, brusque, la dextre de Guy, décontenancé, il en plaqua, de force, un des doigts sur l'orifice du barillet, à la place du sien et, rompant de quelques pas, abandonnant le beau jeune homme à ce poste de confiance et de bouche-trou, il gouailla :

— Ma pose est finie.... A vous la fente, mon cher !

A sa pauvre petite femme atterrée, il ajouta :

— Fifine, tu remercieras tout-à-l'heure le lieutenant Dupin de la Crétinière d'avoir si gracieusement bouché ton marasquin.

Et rayonnant, le ventre secoué de gros rires, comme un sac empli de cailloux, il alla se laver les mains sur la pierre d'évier de la cuisine.

Quand, quelques instants après, réapparut le toujours hilare Monsieur Martin, muni d'un long bouchon, la douce Fifine, *leur* épouse, avait recouvré ses sens et, aplati sous un coussin du salon, le képi du beau lieutenant Guy Dupin de la Crétinière.

Alors, gentiment, on emplit trois gobelets de mousseline, de la liqueur désormais prisonnière, on trinqua sans rancune et ce fut Monsieur Martin lui-même qui, de sa main maritale et de son long bouchon de liège, boucha hermétiquement le marasquin.

Le Bâton-Signal

De même que dans la Rome des Césars, les licteurs, ces aïeux-policiers, précédaient tribuns et proconsuls, portant la légendaire hache entourée de faisceaux, aujourd'hui, et depuis peu, chacun sait ça, les gardiens de la paix de la Troisième République Française et du service des voitures parisiennes, sont agrémentés, sur l'initiative de leur Préfet, M. Lépine, — trop galant homme pour vivre en reste avec l'Antiquité — d'un bâton-signal dont le croquis nous fut dispensé par la Presse :

« Aspect d'un joujou, bien fait pour s'attirer un
« succès de curiosité plutôt sympathique. A peine
« long de cinquante centimètres, élégamment cy-
« lindré, blanc et tout frais verni... fabriqué en
« bois de peuplier, poignée rainée,... se termine
« légèrement en poire,.. sur une banderolle, se
« détache l'inscription, peinte en rouge : « Ville de
« Paris » et sa devise,.. Au repos, se tient dans une
« gaine de cuir verni, portée à gauche, à la place
« du sabre-baïonnette, provisoirement aboli... »

L'agent Dardedru, de la brigade des voitures, ex-adjudant de casernement au 14ᵉ Régiment d'Artillerie, venait d'être doté du fameux bâton, remis en mains propres — autant que le peuvent être les mains d'un archer de la Loi, — par M. le Commissaire lui-même qui, fonctionnaire zélé, chef de service, n'avait eu garde de rater si belle occasion d'un speetch préliminaire :

— Agents ! je vous remets ce bâton,.. Monsieur le Préfet, toujours soucieux de votre bien-être et du prestige inhérent à votre sacerdoce, ne recule devant aucun sacrifice.....

Prenez-le cet emblème,.. faites-en noble usage,.. évitez-lui la honte,.. ne le tirez que pour juste cause, ne le rengainez qu'avec honneur !...

Sur un ton plus léger :

— V'là un bout, c'lui du manche, c'est par là que ça se tient. V'là l'aut'bout, c'est la partie supérieure, la partie noble.....

Enfin, avec un beau geste d'ordonnateur des cérémonies au départ d'un convoi, il leur avait jeté, l'index vers la porte, le menton haut :

— Allez..

Le bureau évacué, les agents envahirent le poste, en masse compacte, coite, écrasée sous l'émotion du premier début. C'est au plus si deux ou trois facétieux risquèrent une métaphore sur « ce nouveau machin. » L'un trouva que ça ressemblait à « qué'que chose de rigolo », l'autre, passant la langue sur le vernis blanc conclut en clignant de l'œil, d'un air finaud que ça avait « proximativement, un goût, comme qui dirait de guimauve. »

Enfin, deux par deux, l'escouade gagna ses postes respectifs.

Arrivé au carrefour Montmartre, l'agent Dardedru s'arrêta et prit la faction du collègue qui s'y trouvait. Jusqu'à cet instant, rien d'anormal. Personne, dans la rue, n'avait encore remarqué l'emblème innové. Dieu sait pourtant avec quelle impatience Paris l'espérait, et l'agent Dardedru connaissait trop la badauderie gouailleuse du passant pour ne point s'attendre à quelque imminente manifestation.

Un paquet de gens encombrait le refuge, arrêtés là, en détresse, par le flot ininterrompu des voitures.

Dardedru sentit que l'instant décisif était échu. Il y avait, à cette seconde, dans l'âme de l'ex-adjudant un salmigondis d'impressions qui se heurtaient, s'affolaient, déconcertant son intellect de simple, bosselant son cerveau très lisse et bien équarri de rustaud.

C'était, à la fois, de l'appréhension et de la gêne, comme une vague pudeur, inexplicable, à ériger au devant de la blague et de l'hostilité instinctives de la Masse, ce morceau de bois blanc, grotesque de puérilité.

C'était, aussi, une pointe de tristesse nostalgique

au rappel attendri de ce beau temps où, sous son grade bâtard de presque-officier, sa soudaine débuscade dans la cour du Quartier jetait le désarroi parmi les hommes de garde et troublait l'animale quiétude du sous-off' planton au fumier.

Sans la moindre solution de continuité, les véhicules de toutes sortes se suivaient, se croisaient sur les deux versants de la chaussée en galopée tumultueuse.

Le refuge débordait de passants D'aucuns, furieux d'attendre, protestaient déjà à haute voix, gesticulaient, apostrophaient les cochers impassibles.

« Plus d'hésitation ! » pensa Dardedru qui, s'élançant au-devant des voitures, porta sa dextre à son flanc gauche, y saisit le manche émergé de sa gaine et, hardiment, vigoureusement, telle une hampe d'étendard, brandit pour la première fois, de toute la hauteur de son bras, l'auguste bâton-signal de M. le Préfet de police.

De la Rue, soudain figée, houla une exclamation qui fusa en long éclat de rire, claqua en bravos ironiques. Les automédons levèrent leurs rênes au ciel,.. les trois énormes normands attelés à *Madeleine-Bastille* égrenèrent un hennissement joyeux, en dodelinant de leur bonne grosse tête.

Impavide, raffermi dans sa dignité de soldat boulonnée par vingt-cinq ans de bons et loyaux services, l'agent Dardedru eut tôt rétabli le cours normal de la circulation interrompue et, impénétrable, le bâton perturbateur tombé sur la cuisse, selon la couture du pantalon, attendit de pied ferme les événements.

Devait-il scinder la file des voitures pour livrer passage à de quelconques piétons, c'est à peine si Dardedru daignait maintenant hausser le signal à niveau d'épaule.

Etait-ce en faveur d'une jolie femme? Alors, sacrebleu, fallait le voir brandir son bâton aussi haut, aussi droit, aussi virilement roide que, jadis, les preux brandissaient à l'assaut leurs braquemarts de bataille.

Toujours ganglionnant à ras du trottoir, le cordon des badauds considérait, commentait l'objet, jugeait la maëstria de l'agent à s'en servir, sa grâce, sa symbolique fermeté.

Au bout d'une heure, enfin, la curiosité populaire semblait rassasiée. Il ne restait plus en galerie qu'un mitron, trois camelots et deux trottins au jupon et au nez retroussés, portant chacune un volumineux carton de modiste avec, dans leur dos, reniflant leurs nuques de jeunes pucelles avariées, un vieux monsieur fort bien, quoique décoré.

Soudain, sur un des trottoirs, apparut, prête à franchir la chaussée toujours sillonnée de voitures à ce Carrefour si justement dit « des Écrasés », la tête de colonne d'un pensionnat de jeunes filles.

Les gosselines ouvraient la marche, les plus grandes, celles de quinze à dix-sept ans, formaient l'arrière-garde.

A la vue de ce jeune sexe, l'agent Dardedru, en bon père de famille, replaça d'un geste pudique le bâton dans sa gaine et, de son bras érigé, arrêta les voitures, en leur criant, avec l'autorité d'un poète décadent : « Place aux Jeunes! ».

Cette obligeance devait lui porter malheur.

La colonne, en effet, commença de traverser le boulevard, frôlant au passage l'agent Dardedru, défilant sous son ombre tutélaire...

Lui, la tête tournée du côté opposé, les bras croisés sur sa poitrine, surveillait l'entassement des véhicules arrêtés.

Alors, vers les derniers rangs de ces demoiselles, une des *grandes*, la brune Mlle Odile, l'espiègle de l'école, fille d'un honorable maire de banlieue, aperçut au flanc du sergot, surgissant de la gaine, le manche du bâton-signal et, preste, avec une subtilité de pickpoket, le saisit, le tira et le fit disparaître sous son cartable, parmi ses bouquins, sans que personne — sauf pourtant sa camarade de file, la blonde Mlle Sophie, — s'en aperçut.

C'est ici que ça se corse...

Et dire, pourtant, que deux minutes plus tôt, rien ne faisait prévoir que Mlle Odile allait ainsi causer le désespoir de son honorable papa et celui du brave agent de la brigade des voitures!

Las!... les enfants font pleurer les maires et le bâton d'agent ne fait pas le bonheur.

. . . .

Trois jours, trois nuits ont passé. La préfecture de police est sur les dents,... et Mlle Odile sur le flanc.

La blonde Sophie, témoin du rapt, n'en mène d'ailleurs pas bien large, — si j'ose m'exprimer ainsi.

Le troisième jour, à l'étude du soir, Mlles Odile et Sophie dorment à poings fermés sur leur devoir de mécanique comparée. Pour la nonantième fois, la sous-maîtresse les rappelle à l'ordre et au devoir.

— Voulez-vous bien ne plus dormir!... s'écrie-t-elle sur un air fort connu.

Les deux dormeuses sursautent, se livrent à une mimique de méchante humeur, feignent de reprendre leur mécanique comparée et, deux minutes ensuite, laissent rechoir sur leur bras replié, la lassitude de leurs jolies têtes mutines.

— Mais, qu'avez-vous donc, mesdemoiselles?... criaille de nouveau la pionne en fureur. En voilà-t-il des figures défaites!... Pourquoi ces yeux battus, cernés au fusain?... Et cette pâleur, cet affalement de loques humaines?...

Voyons, franchement, mesdemoiselles, seriez-vous...??

D'un hochement de tête simultané, automatique, les écolières secouent un signe affirmatif.

Après un long silence :

— C'est demain jour de lingerie, rappelle charitablement la sous-maîtresse.

Cette périphrase accroche au passage quelques sourires équivoques, le long des pupitres.

Et l'étude continue.

. . . .

Minuit.

Au dortoir des grandes, à la lueur falote de la veilleuse réglementaire, l'éclat d'une altercation fait sauter la surveillante à bas de son lit.

Elle accourt en camisole et aperçoit, dans l'intervalle de leurs deux couchettes, Mlle Odile et Mlle Sophie toutes nues sous les lambeaux de leurs chemises dilapidées, les cheveux en coup de vent, leurs frêles gorges de vierges, gonflées en double montée de lait qui bout.

Elles s'invectivent et cherchent à s'arracher réciproquement des mains, un objet...

« ...un objet à peine long de cinquante centi« mètres, cylindré, blanc et frais verni... »

— Voleuse ! braille la blonde Mlle Sophie, tirant désespérement à elle le bâton,... tu l'as chipé à M'sieur l'sergot !

— Sale voleuse ! hurle la brune Mlle Odile, cramponnée au manche, c'est toi qui me l'as soustrait !

— Menteuse ! tu me l'as donné.

— Oh !!

Madame la sous-maîtresse s'élance, sépare les deux Erynnies, s'empare de l'objet, le regarde, le retourne, le flaire, grimace et, à la lueur falote de la veilleuse réglementaire y lit la municipale devise :

« *Fluctuat nec mergitur* ».

— Heureusement!... soupire la pionne perspicace, et, dans un bel élan d'indignation, elle ordonne à Mlles Odile et Sophie de se rhabiller pour descendre au cachot.

Mais au préalable, prise de commisération elle les entraîne dans sa chambre et leur fait boire à chacune un grand verre de quinquina Monceau.

. . . .

Le bâton-signal de l'agent Dardedru a été renvoyé au Préfet de police, par un expéditeur anonyme. Monsieur le Préfet l'a saisi, retourné, flairé, a fait une grimace et, à bout d'examen, a cru devoir constater une légère usure à l'extrémité de la partie supérieure,... de la partie noble.

— Déjà!.. a-t-il murmuré avec, dans la voix, la cassure douloureuse d'une désillusion.

Et il songe :

— Le peuplier, décidément, ne vaut rien,.. pas assez résistant.

Il se tâte le front,

Un sourire allume son visage. Sautant sur une plume, il griffonne à la hâte ce nouveau bon de commande :

« *Dix-mille bâtons-signaux, modèle 1896, en bois de...* Nouvelle hésitation.

Et soudain, avec un cri archimédique :

« *...en bois d'épine* » parbleu !

Il souligne vigoureusement cette dernière indication, allume une cigarette, fait dans son fauteuil une glissade paresseuse et ordonne à son secrétaire de « lever la punition infligée à l'agent Dardedru, pour négligence dans son service. »

L'Avis des Seins

A l'éminente Repentie : Alphonse Allais.

Sympathique et talentueux collaborateur à la Revue des *Deux-Hémisphères*, organe vital, mensuel, des revendications féminines, je fus invité, récemment, par Madame Astie de Valsovayre, notre virulente rédactrice en chef, à m'offrir une tournée d'interwiew sur le zinc aristocratique de l'Opinion, chez nos plus éminentes lectrices, avec, pour sujet, cette thèse :

« **Le Corset**, *sa vie, ses mœurs, ses qualités et ses vices,... son avenir prochain.* »

Voici quels furent les premiers mais édifiants résultats de notre plébiscite épistolaire, soulevé au moyen d'une supplique collective qu'un éclair de génial à-propos me fit intituler : L'Avis des seins, et signer — rétrospectivement : — « Jérémie ».

« Monsieur le Journaliste, votre enquête me semble plutôt risquée. N'importe, comme je n'aime point à me faire prier pour y aller de mon petit air, au dessert, je vous apprends que mon corset ne m'a jamais gênée pour l'émission de la voix au théâtre, ni pour les missions délicates ailleurs.

« Et voilà. Si cela vous peut suffire, tant mieux. Je suis brève, car je soupçonne fort que c'est le souvenir de l'infernale barque à mon ancêtre qui vous incite à me monter ce léger bateau.

« Je vous salue, quand même, en mi bémol.

« ROSE CARON (*de l'Opéra*). »

« Monsieur, pour ma part, je préconiserais vaillamment le sempiternel usage du Corset, si, à tous ceux qui existent je pouvais piquer et ainsi, répartir le tombereau de fleurs que j'ai aquarellement commises.

« MADELEINE LEMAIRE. »

« Monsieur Jérémie,

« Dans un récent article au *Matin*, M. Francisque Sarcey voulait bien évoquer le bon temps où ma chère Maman me présentait à lui et me vouait à son avunculaire tutelle. J'avais alors quatorze ans et pas — ou si peu ! — de corset.

« Sur son initiative « d'esthétique au gros bon sens » je me pourvus, depuis cette époque, de cet objet de double *nénécessité*, dans la maison... (*ici une adresse commerciale*) et je n'eus jamais qu'à m'en applaudir,.. — j'en ai l'habitude. — Il m'est d'ailleurs advenu d'en commander jusqu'à six à la fois. »

« Quant aux influences du corset sur mon corps de femme, mes destinées d'artiste et le théâtre en général, je me récuse et laisse — pour cette dernière question boutique — une place et la parole en blanc à ma patronne.

« Cet avis est ferme, graniétique, comme *ceux* que vous invoquez et qui vous le donnent en ces lignes.

« Veuillez agréer, etc..., etc...

« JEANNE GRANIER (*de la Renaissance*). »

L'appréciation de la susdite patronne — Mme Sarah Bernhardt, vous l'avez deviné, — fut aussi prompte que stupéfiante :

« Cher Monsieur, votre savon aux amendes (celles que j'inflige à mes pensionnaires, évidemment) est délicieux. Envoyez-m'en donc six autres douzaines de boîtes.

« SARAH BERNHARDT. »

Erreur d'enveloppes, c'est incontestable.

Je n'ai pu que la déplorer pour les résultats de mon interview.

« Monsieur,

« Je n'ai guère le temps, aujourd'hui, d'opiner sur la valeur du corset. M. Falguières en a surabondamment entretenu le public, à mes dépens, tout en demeurant dans le *statu quo*.

« Mais l'occasion, ici, me paraît opportune pour

démolir une légende dont vos confrères ignares ont pommadé mes cheveux en bandeaux.

« Née de parents pauvres, mais honnêtes, dès ma plus tendre enfance, je portais déjà ces bandeaux et le prénom de Célie — mon véritable, d'ailleurs. — A vingt lieues à la ronde on parlait alors des *bandeaux à la p'tite Célie.*

« Plus tard, à mes débuts en scène, des journalistes ou des coiffeurs découvrirent en cette appellation le nom d'un peintre, italien, je crois.

« Mes bandeaux devinrent : « *à la Bottitcelli.*

« Cette fumisterie a assez vécu. Aussi, compté-je sur la puissante publicité de la Revue des *Deux-Hémisphères* pour remettre les choses au point et, du même coup, préciser que, si par ma chorégraphique vocation, j'ai si souventes fois levé le pied et — tel un simple notaire — passé en Belgique, j'en suis toujours revenue après mes cures de petit-lait au bol,.. ce qui promet à mon ingrate patrie d'avoir un jour, en symbolique héritage, le devant de mes tutus et le dos de mes robes.

« CLÉO DE MÉRODE. »

« Cher idiot, le corset, à certains instants, est pour la femme une précieuse contenance.

« Grâce à lui, la coquette ne divulgue que ce qu'elle veut et, avec toutes les lenteurs, tous les atermoîments de sa science enjôleuse, retarde à son gré, la suprême échéance....

« Sans lui, les réalités seraient, chez d'aucunes natures généreuses, par trop écrasantes. Ce qui justifierait le proverbe : « On n'est jamais trahi que par les seins.

« Marie Krysinska.

« P. S. — Et cette vieille manille au Chat ?? »

« Monsieur,

« Je m'étais juré de ne plus tolérer les libertés que s'autorise la Presse à mon endroit.

« Je vais faire une dernière exception pour vous,... mais ça ne contribuera guère au succès de votre plébiscite.

« J'ai voulu batifoler aux yeux du monde, — l'ex-mien — le monde m'a bafoué... C'est à peine si un ou deux poètes aux iris noirs ont tâché à me revirginiser par mon nouveau béguin.

« J'ai voulu chanter en public, plastiquer sur les planches, pauvre petite débutante parmi les princesses de la rampe,... le public a menacé de me lapider à coups de lapins vivants.

« A cette heure, on veut me faire parler,... J'ferme ma boîte ! je trouve cela bougrement noble, et ça me venge...

« Ça me permet aussi d'aller retrouver l'Aimé qui m'appelle. Excusez-moi de vous lâcher pour lui... Quoique princesse on n'est pas de Blois... comme Louis XII. *Mens insana in corpore Rigo...*

« Princesse Idem. »

« J'envoie des fleurs de Nice aux poètes et les poètes chantent celles de ma Beauté.

« A moments perdus, je me suicide, dans des nostalgies de grisette et laisse cambrioler mes purs-sang dans mon écurie.

« C'est vous dire, Monsieur, qu'il ne me reste pas cinq minutes pour répondre à votre honorée supplique.

« Liane de Pougy. »

« Sénor,

« Ça dépend... y a des scènes où je garde mon corset et d'autres où je le retire. Ses qualités résident dans le premier geste et ses vices dans le second.

« A Pampeloûne, à Barcelone et le long du Mançanarez on ne prise guère votre genre de questions, et c'est par la *navaja* que nous portons à la jarretière, qu'on y répond... La *navaja*, sénor la *navaja*, caballero.

« Et puis, Caramba ! tout cela regarde l'ami Antonio, mon secrétaire, chargé de mes rapports avec la Braise et, plus spécialement, de mener la belle Otoro.

« *Bueno Dios,*
« Senorita Otero. »

« Très pratique, très avantageux, le corset, cher Monsieur. Ça bombe où il faut, ça rétrécit où il sied....

« Dommage, hélas ! que pour certaines, ça accentue les petites *salières* — Ne transcrivez point *Sucrières*, s. v. p.

« M.-L. DE MARSY. »

« Sachez, mon p'tit, qu'avec Xanrof et sans corset, j'étais prédestinée quand même au succès.

« J'avais trouvé le truc d'être pour Paris, sa blonde, longue, oblongue Yvette,... droite comme un I.

« Or, l'I mène à tout... La preuve, me v'la Madame

« YVETTE GUILBERT ».

« Monsieur le Rédacteur

« Nous n'admettons dans notre sein que des femmes corsetées et, — par exception — des hommes polis. Cette dernière clause vous découragera certainement d'affronter la rigueur de notre devise en exergue : *Dignus es intrare in nostro...* etc...

« LA VICE-PRÉSIDENTE DU *Ladies-Club.* »

« Monsieur le Plébiscitaire,

« Cher Confrère et très grand ami (1).

« Entre deux articles et d'innombrables Carnets, je veux bien vous accorder l'aumône d'un avis et d'un autographe.

---

(1) Formule congratulatoire des Tsars libéraux.

« 1° Sur le Corset, je ne vous dirai rien, sinon que jamais je n'avais encore songé à traiter cette question dans mes journaux et que je me réserve pour un jour prochain.

« 2° Que mes contemporains ont, ces dernières années, tellement pleuré dans mon sein, que ce dernier en est tôt devenu une nouvelle vallée de larmes.

« Ça a débordé mon existence sévère et effacée, d'une avalanche d'articles bien payés, de gratitudes universelles et d'acrimonieuses jalousies.

« C'est le menu gain du métier, de mon métier, de mon Sacerdoce, — parce que grand, parce que beau !

« Je vous permets de me baiser respectueusement le bout des doigts.

« Séverine. »

« P. S. — Dans le cas où, un de vos parents, amis, connaissances, voire vous-même, l'ignoreriez ou l'auriez oublié :

« *Pages rouges*, 1 vol. in-18, chez Demâle-Empis, éditeur, 3 fr. 50, *franco*.

« *Pages mystiques*, 1 vol. in-18.

« *Pages*.... etc.., etc...

« Merci... Merci à tous !!

« S. »

Ici, deux minutes d'arrêt ! Tout le monde condescend à m'entendre, à entendre l'humble interwiewer, le sympathique et talentueux écrivain de la Revue des *Deux-Hémisphères*.

La lettre qui va suivre, signée d'une des personnalités littéraires, les plus en vue, les plus spirituellement humoristiques de ces dernières années de siècle gangrené, sceptique, aveuli,.. de siècle au rire jaunâtre, est pour le monde une formidable révélation...

Et, dans cette révélation, le psychologue qui sommeille en moi, met à jour un je ne sais quoi qui ressemble à du remords... Remords d'avoir si impunément leurré son époque, cette époque dont, grâce à lui, la rate dilatée, devra malgré tout, à son repentir, le dictame du pardon.

Cet aveu, cette *Resexualité* sera d'un salutaire exemple pour toutes ces combattantes du féminisme qui, on ne sait pourquoi, on ne devine par quelle pudique aberration, s'affublent d'un nom masculin et, dans la grande bataille pour la Bonne Cause, — la vôtre, ô mes sœurs! — cachent leur sexe, comme, au champ d'honneur, un soldat cacherait son Drapeau!

« Cher et non moins éminent Confrère,

« Retour de Pausilippe, je suis touché par la Grâce.

« Eh bien! là, j'en ai assez!!! J'ai trop menti. Depuis trente-cinq années révolues, — ça ne nous rajeunit pas! — que je journalisme, j'ai colporté sur mes vastes épaules, un rôle de duplicité dont à cette heure, — midi un quart — mon front déjà vétuste devient blême, mon cœur rougit, mes cheveux grisonnent et dont, demain, mon Siècle sera bleu !

« Par enfantillage, en la naïveté de mon âme, alors cristalline et candide, — une âme de sucre Messieurs ! — qui se déliquesçait sous le flot vésuvien de ces héroïsmes déconstitutionalisateurs des sociétés vermoulues et du syndicat interlope des aides — bourreaux (ces secrétaires du Bourreau) de ce syndicat de la bourreaucratie européenne, tant de foi flétrie par mon ami le Captain Cap, j'eus la fâcheuse idée de masquer ma littéraire et féminine combativité sous la trois fois maudite masculinisation de mon nom véritable.

« J'en ai assez, vous dis-je ! ! J'en ai de trop ! Clamez-le avec moi, *urbi*, *Turbie* et *urbu* — car ils sont trois !

« Et l'âme désormais plus légère, frêle et subtile ainsi qu'un parfum d'Aimée exhalé d'un vieux coffre, — encore solide, Dieu merci ! — Je reprends en chantant ma plume coquettement ébarbée et un sherry-brandy de consolation.

« Pour ce qui touche au corset, j'y repenserai... Je ne puis vous en causer ici de busc-en-blanc. »

« *Votre désexuable* : Alphonse Allais,

« née définitivement : Alphonsine Alait. »

Séraphine

Au Cordial et Somptueux
Maurice Curnonsky,
ce Prince-sans-Rire.

Quand je ne vous aurai point celé plus longtemps qu'elle était blonde comme une coupe de vin d'Asti, qu'elle avait des yeux aussi bleus qu'une flamme de punch, des lèvres semblables à

..........une cerise
Qu'un rossignol gourmand en son bec aurait prise
Puis entr'ouverte certain soir....

— les jolis vers, ma chère ! et d'un poète intime mort si jeune ! — que sa carnation était rose et blanche comme un gâteau de riz où sanguinolerait un filet de confiture de groseilles, j'aurai, je crois, exploité les classiques ressources de l'industrie comparative à l'endroit, — voire même aux endroits — de Mademoiselle Séraphine.

Il vous reste à savoir qu'elle était caissière au Café qui fait le coin de la rue Duveau et de l'Avenue Marengo et que, depuis trois mois, j'étais féru d'elle... féru à glace. — Il fallut quatre-vingt dix jours pour la rompre, — trois mois à raison d'une absinthe au sucre, d'un vermouth-guignolet, d'un café-fine et d'une douzaine de bocks par jour, calculez et convenez que voilà de quoi noyer l'amour le plus étanche.....

Mon amour surnagea pourtant, et, à l'instar de la Ville de Paris et de ces MM. de Contrescarpe, eût pu arborer la devise :

« Fluctuat *mec* mergitur ! »

En rusé tacticien, j'avais grossi l'ordinaire clientèle du café, de cinq ou six camarades, comme moi transfuges d'un cabaret montmartrois.

En trois mois, je n'avais jamais vu Mlle Séraphine qu'assise derrière le haut comptoir et partageant son existence entre la comptabilité de la maison et le remplissage des petits carafons de cognac et de *fine*.

Très spirituels, nous avions surnommé la jeune personne : Mlle Sert-la-fine. Nous nous étions mis à six pour perpétrer ce baptême.

Un soir, à l'heure verte, arrivé en avance au café, je résolus de faire les primes ouvertures à la douce enfant.

Elle sourit, me cingla le bout des doigts de celui de son porte-plume, et, à une saillie roide qui la fit rougir, elle m'appela : Oh ! le polisson !...

J'étais flatté... flatté et heureux.

Deux jours après, j'obtenais ce rendez-vous :

« Ce soir, après minuit, à la fermeture... Au cintième, quatrième porte à gauche »...

Au cintième ! j'étais aux Anges.

Vers minuit et demie, les derniers manilleurs désertaient la salle : je demeurai dans la rue, dissimulé sous une porte cochère.

Les garçons boulonnèrent la devanture. J'attendis un quart-d'heure encore, le temps que Séraphine *rendît* sa caisse et montât dans sa chambre.

L'escalier des appartements communiquait avec le derrière du café et avait aussi une porte sur la rue. C'est à cette porte que je sonnai.

Le concierge, couché à cette heure, tira le cordon, et, tel un locataire, je passai devant sa loge en bredouillant un nom.

Dans l'ombre, à tâtons, n'osant faire flamber une allumette, j'escaladai cent dix marches conduisant au 5e palier. Mon cœur battait la générale ; ma tête bourdonnait ; je me sentais défaillir sous le poids de mes économies trimestrielles de tendresses.

Quatrième porte à gauche. Un rais de lumière déchirait le parquet. J'entrai sans frapper. Séraphine était au lit.

Et devant mon ahurissement :

— Excusez-moi, susurra-t-elle en minaudant, j'avais froid, j'étais lasse.

En deux tours de main et de clef, j'étais déshabillé la porte était close, et je me glissais dans le

Paradis tiède et en toile de coton de ce petit lit d'écolière.

Elle exigea, de suite, l'extinction des feux. Hormis les miens propres, il fallut tout éteindre. Ce qui me choqua encore, ce fut sa révolte contre les premières incursions de ma main droite. Me rappelant, avec le poète, que tout bonheur que la main n'atteint pas n'est qu'un rêve, je tenais fort à *atteindre* celui-là même dans la nuit.

Il fallut me résigner à la plus atroce des *immanubilités* (*im* : privatif, oh ! que !...)

Une heure sonnait au beffroi de Saint Germain-l'Auxerrois. Je jugeai à propos de pénétrer dans le septième ciel, — le *châtième* dirait mon auvergnat de charbonnier, — j'allais brâmer toutes les humaines voluptés, quand deux coups frappés à la muraille, près du lit, me firent sursauter :

— Pan ! Pan !

— Ce n'est rien, rassure-toi, mon chéri, soûpira Séraphine, le nez dans mon giron. Convaincu, je repris mon billet d'aller et retour, — sans buffet, — vers Cythère, Gnide, Paphos et Amathonte..., Amathante, dirait Pierre Dalsace.

Oh ! joies... félicités...

— Pan ! pan !

— Encore ! m'écriai-je ressursautant.

— Ce n'est rien, mon chéri, ressoupira Séraphine, un doigt sur mon nombril... Le bois de lit qui travaille.

Reconvaincu, je m'efforçai à reprendre mes sens, émoussés par ces interruptions.

Oh! douceurs... oh! caresses...

— Pan! pan!

Cette fois, j'abandonnai la partie et, bondissant hors de la couche hantée je rallumai le bougeoir.

La chambre me réapparut paisible, et Séraphine étendue, jolie comme une Ménade pâmée.

Je saisis draps et couvertures, à deux mains, et les rejetai en arrière, prêt à me rejeter moi-même en avant, à reprendre à la coda ma symphonie interrompue.

La gorge de mon amoureuse surgit, ardant vers moi la folie rose de ses intentions...

Plus bas c'était... Plus bas encore...

Horreur! une jambe de bois !!!

Une jambe de bois qui, à mon exclamation d'effroi, alla, de nouveau, cogner la muraille :

Pan! Pan!

Huit coups en cinq minutes, calculai-je, me rhabillant, désemparé, tandis que Séraphine gloussait son désespoir sous les couvertures...

Huit!!

...Et une comparaison tacite m'écrasa de son effroyable ironie.

Record d'Almée

Pour Théoph. Castet.

Le sieur Pierre de Bourdeille, seigneur de Brantôme, loin de préconiser les attraits de la femme en culotte, prétend, au contraire, que le beau sexe doit éviter tout déguisement garçonnier.

Il admet, à la rigueur, qu'une femme « s'adonise d'un beau bonnet avec plume à la guelfe ou gibeline attachée, à condition, toutefois, qu'elle ait le visage poupin, ainsi que l'eust la reine de Navarre, qui s'en accomodoit si bien, qu'à la voir, on n'eust sceu de quel sexe elle tranchoit, ou d'un beau gars aux fortes fesses ou d'une grande dame qu'elle estoit... »

Lors, le jeune et intrépide Théocorde, canonnier-conducteur de 2me classe au 41me régiment d'artillerie, en garnison à Crétinvic-en-Bigorre, et mien vieil ami, vint l'été dernier, consommer auprès de moi, à Biarritz, les douceurs d'une permission de quelques jours.

Dès le premier soir de son arrivée, Théocorde découvrait dans un des bas quartiers de la ville, le *Concert des Almées... de terre et de mer*, beuglant local de vingtième ordre au-dessous de zéro, où une demi-douzaine de femelles débitaient, sur une estrade, les salaisons de la Chanson dite moderne, — tout en exhibant les leurs parmi le mystère louche de dessous canailles, — en compagnie d'un pitre à gueule sinistre perpétuant les Paulus en province.

Le lendemain, mon ami me déclarait, sans le moindre fard, que Mlle Olga, la gommeuse excentrique du programme, avait fait tressaillir jusqu'au fond de ses lourdes basanes, son âme d'esthète et sa chair de bombardier français.

Exultant, il ajouta :

— Quel galbe ! quel chic ! mon cher.

Elle ne chante qu'en tenue de bicycliste : culotte bouffante, boléro ajusté à la taille, casquette de piqué blanc, escarpins à barettes.., et un énorme monocle vissé à son œil gauche... » C'est en cette occurrence que je constatai que mon ami Théocorde était loin d'abonder dans l'opinion de feu Brantôme à l'endroit du travesti, et que, pour lui, il ne seyait nullement que la culottée eût les traits de la reine de Navarre ou un visage poupin, pour être « adonisée » et lui devenir douce fleur de paillardise.

— Ah ! mon bon, poursuivit l'amoureux artilleur, si tu l'avais entendue chanter :

Elle a perdu sa bi... bi...
La pauvrette,
Elle a perdu sa bicycle...ette !

Un délire dans la salle, un vrai délire ! Les hommes en pleuraient..., les femmes aussi..., pas du même côté..., mais c'étaient d'unanimes sanglots de joie frénétique !

— Et tu l'as enlevée cette... almée ? demandai-je au bouillant prétorien.

— Presque...

— Explique-toi ?

— C'est-à-dire que je n'ai encore enlevé que son consentement à un rendez-vous pour ce soir, cinq heures, sur la route de la Négresse, à deux ou trois kilomètres de la ville. « Venez-y en *bécane*, » m'a-t-elle recommandé en me quittant, sans plus s'inquiéter si j'étais *bécaniste* ou pas.

— Comment vas-tu faire alors ? persiflai-je, sachant fort bien que Théocorde n'avait, de sa vie, chevauché cet ustensile fin-de-sexe, que l'imagière rhétorique de M'ame Séverine, rebaptisa « oiseau d'acier. »

— J'irai ! articula mon ami d'un ton cimenté de résolutions implacables.

— Tu sais donc monter ?

— Non, je ne sais pas... mais je saurai.

— Ce soir ?

— Ce soir.

Et, très digne, le canonnier Théocorde me plantant là, quitta mon logis et s'éloigna vers le centre de la ville, les mains aux poches, le képi en bataille, les éperons cliclictant sur le pavé... Il sifflotait une marche guerrière.

C'est en vain qu'au déjeuner je l'attendis. Vers quatre heures de l'après-midi, des appels de corne à bouquin résonnaient à la grille de ma villa.

En deux bonds, j'étais dehors.

Théocorde m'apparut, le poing gauche sur la hanche, la main droite posée tutélaire sur la selle d'une magnifique bicyclette.

— Je sais !... proféra-t-il simplement.

Apitoyé de mon ahurissement silencieux, il daigna expliquer :

— Je viens de la plage des Basques... j'y ai pris sept heures de leçons... Maintenant, ça y est..., je défie tous les recordman... j'entre de plain pied dans la légende...

— ... des cycles, hasardai-je, humblement facétieux.

Théocorde haussa les épaules. Ce genre d'esprit court les rues, il en faisait autant désormais, et plus vite même.

— Je pars, fit-il, je vole à Cythère, détenir ce doux record d'almée.

Avec un geste de suprême orgueil, la main tendue, ouverte, vers sa machine :

— Regarde ça !... Non, mais est-ce assez

rupin ! Et les *pneus* !.. sont-ils assez gonflés ces *pneus* !

Le plus gracieusement du monde, mais après cinq ou six tentatives pitoyables, Théocorde enjamba, conquit l'équilibre, enfila une ligne presque droite et disparut bientôt dans les lointains.

Alors, ma satisfaction se corsa de curiosité. Il me prit une envie folle d'assister, même de loin, à cette course à l'almée.

Une voiture passait, une de ces minuscules victorias barriotes à deux places et à trois roues, très basses, attelées à un petit cheval corse et conduites par un gamin du pays, juché debout, tout derrière, sur un simple marche-pied.

Je sautai dans celle-là, sans l'arrêter, et ordonnai au cocher de filer vers la route de la Négresse.

Au bout de cinq minutes, j'apercevais très loin devant nous, dans la perspective blanche de la route encore brûlée de soleil et parmi un tourbillon de poussière, le canonnier Théocorde roulant à pédale-que-veux-tu.

De suite, je divulguai ma tactique au jeune automédon : « Voir sans être vu, » et, pour plus de sûreté, je pris moi-même les rênes du petit corse. Nous étions maintenant à une distance convenable du bycycliste.

Une demi-heure après, Théocorde était deux. La casquette de piqué blanc que je supposais être Mlle Olga roulait à son côté.

Soudain, je les vis s'arrêter, mettre pied à terre.

Ils étaient au sommet d'une côte assez rapide. Théocorde s'épongeait le front à plein mouchoir, semblait se concerter avec sa compagne. Puis il eut un geste brusque, nerveux, un geste de détermination héroïque.

Tous deux remontèrent en selle et s'enfoncèrent derrière le moutonnement de la route.

Je fouettai ma bête. En deux minutes, nous étions au faîte de la déclivité.

A cinquante mètres de Mlle Olga qui, à l'aide du frein, dévalait à une allure raisonnable, le vaillant Théocorde nous réapparut, lancé à fond de train, les jambes en détresse, loin des pédales folles... Il décrivit quelques zig-zags, puis, comme une masse, alla s'abattre dans une haie, à gauche du chemin, tête en bas, roues en l'air.

J'eus un serrement de cœur. Je pensai le malheureux tué sur le coup.

J'allais m'élancer... Théocorde était déjà debout, blanc de poussière, farineux, clownique... il boitillait.

Je fus tout à fait rassuré quand je le vis brandir, à bout de bras, ce qui avait été sa bicyclette : un informe imbroglio de ferraille et de caoutchouc... Les deux roues exagérément elliptiques, prenaient de loin un aspect d'obscénité lamentable.

Sans se troubler outre-mesure, experte aussi en l'art des chutes, Mlle Olga avait rejoint l'artilleur-minotier.

Descendue de machine elle le contemplait, en s'esclaffant de bon cœur.

Aussitôt, j'abritai mon petit équipage sur un côté de la route puis, escaladant la haie de bordure, afin de toujours dérober ma présence, je m'élançai dans la direction du couple en panne.

Je trouvai Théocorde et Mlle Olga assis côte-à-côte sur le revers d'un fossé.

A pas de maraudeur, je me rapprochai tout contre la haie, à deux mètres d'eux.

Elle, une brune assez bien tournée, avec une frimousse de chatte amusée, avait retiré sa casquette et dégrafé le col de sa chemisette, sous le boléro aux larges revers.

Une gorge grassouillette toute palpitante, dénonçait sans façons ses premiers points stratégiques. Mon pauvre Théocorde, ignoble de poussière, la veste déchirée aux coudes, le visage ruisselant de sueur, contraignait ses lèvres à un sourire jaune, constipé.

La petite ne riait plus, se faisait câline, embrassait le poudreux guerrier aux endroits de sa figure les moins souillés.

Théocorde prostré, coi, ne semblait comprendre et apprécier qu'à demi

Un accablement, une désespérance de pseudo-suicidé s'affichaient sur sa physionomie, sur toute sa personne.

Ses yeux demeuraient obstinément rivés au cadavre de sa *bécane*.

— Si on essayait de redresser le cadre et les roues, de regonfler le *pneu* ? proposa la mignonne, s'ingéniant à de vaines consolations, s'efforçant par ses paroles, ses baisers, ses mains même à relever le moral du compagnon désarçonné.

— Dis, veux-tu ? implora-t-elle, le regard allumé d'une flamme polissonne...

L'intrépide canonnier Théocorde eut une retombée navrée de ses deux bras, ses yeux posèrent leur abandon sur Olga, émoustillée par l'ardeur, l'émotion de la course, les relents chauds des fenaisons prochaines, capiteux comme des parfums de sérail. Ses petits pieds de gamine, ses mollets un peu grêles, mais fermes et gracieux dans le bas noir, se tendaient provocants hors des culottes flottantes, ses jambes s'écartaient légèrement le long du talus, et tout ce coquet débraillé donnait à la jeune femme un air aguichant de gavroche dévergondé.

Puis ils se détournèrent, les yeux de l'intrépide canonnier et, fixés de nouveau sur la bicyclette dont le *pneu* s'affalait dans la poussière, en long intestin perforé, il gémit douloureusement :

— A quoi bon !...

Et aussitôt, en une ire soudaine, amère de dépit, il blasphéma, le poing vers le ciel :

— Nom de Dieu !... c'était si bien gonflé au départ.

La Saisie

Par Zeus, Aphrodite et le salut de mon âme! c'était bien là, je le jure, la plus jolie, la plus mignonne, la plus exquise et aussi la plus coquette, la plus affriolante, la plus enjôleuse des petites femmes honnêtes dont il me fut jamais donné d'ignorer le cœur et de connaître le mari.

Jusqu'à son nom de Suzanne dont le seul murmure jetait en moi des bousculades de désirs, de colères et de tendresses.

Adolescent, sur les bancs du collège, je méprisais l'Histoire, dont les leçons abstraites, la prétention rétrospective de s'immiscer dans les affaires d'un tas de gens et de peuples morts et enterrés depuis belle lurette, me valaient chaque semaine au nom d'un Alcibiade ou d'un Pépin le Bref mal connus de moi, une kyrielle de pensums, retenues, heures de piquet et autres engins de pédagogique coercition.

Plus tard, — à l'époque de ce petit roman d'amour, dont, aujourd'hui, je détache une feuille

— je me pris à l'aimer cette Histoire potinière qui se permettait d'évoquer jusque dans son bain, entourée de paillards, de voyeurs octogénaires, certaine beauté hébraïque, très chaste paraît-il, mais dont l'homonymie avec la femme de mon rêve, ne laissait pas de froisser les susceptibilités de mon idolâtrie.

L'ironie d'une destinée farceuse, voulait qu'en outre de son nom, Suzanne détînt, en manière d'époux, une silhouette de magistrat intègre, jauni, desséché par trente ans de barreau, comme un linge oublié sur une corde, type replet, discret, concret, prenant toujours un accent grave et souvent un air muet..., au féminin.

Très brave homme, nonobstant, plus capable d'acquitter un malandrin de la pire espèce, que la facture de ses devoirs conjugaux.

Nous nous connaissions depuis longtemps. Il m'avait vu tout jeune, encore bambin. Moi, je me rappelle l'avoir toujours vu vieux.

Or, voilà cinq ans, Saturnin R... convola en justes nopces avec la plus jolie, la plus mignonne, la plus exq... avec Suzanne, enfin, fille unique de notables commerçants de la Bigorre, les Camalès, enrichis par vingt ans de commerce des peaux à Buenos-Ayres et qui, pour couronner leur vie de travail opiniâtre et exotique, n'avaient trouvé rien de mieux que de verser trois cent mille francs, — et leur fille, — entre les mains déjà séniles d'un magistrat.

Suzanne, alors âgée de dix-huit ans et élevée dans un couvent de Bordeaux, avait subi, inconsciente, ce nouveau sort que lui imposaient, avec un égoïsme honteux, un orgueil si outrageusement bête, un père et une mère que, depuis son enfance, elle n'avait pas embrassés trois fois.

Jusqu'à l'été dernier que je passai aux Pyrénées, où le hasard me fit rencontrer mon vieil ami le magistrat, je n'avais encore vu sa jeune femme.

Ah ! ma foi, je l'avoue, ce fut pour moi, le coup de foudre.

Son mari me présentait à elle, un soir, au Casino, vers dix heures, et à minuit, en regagnant ma chambre d'hôtel, une flamme illuminait mon âme, le long des ruelles enténébrées de la petite ville thermale.

Dès le lendemain, je rencontrai Suzanne dans le Parc, à la musique de cinq heures, assise parmi quelques amies.

Je la saluai.

Elle me répondit par une imperceptible inclinaison de tête, soulignée d'un sourire qui, filant par-dessus les chapeaux de ces dames et le dôme des boulingrins, vint se ficher droit dans mon cœur, avec mille menues vibrations indiciblement douces.

Le soir, dans un entr'acte, autour de la table des petits chevaux, où son Saturnin de mari s'entêtait après le 8 comme après un outsider à forte côte, je pensai de mon strict devoir d'ami et de galant homme, de tenir compagnie à Suzanne et de rapprocher sensiblement les distances qui séparaient encore nos mutuelles sympathies.

Dès lors, pas un jour ne se passa sans quelque rendez-vous combiné la veille... musique au Parc, sur les *Coustous*, grimpette au *Bédat* jusqu'à la Vierge; déjeuner à la Fontaine-des-Fées, ascension au Monné, à la Pene de Léris, au Lac Bleu.., toujours hélas ! en l'inéluctable compagnie de Saturnin.

Le plus navrant pour moi, c'est que la présence de ce tiers était exigée par Suzanne elle-même, comme condition *sine quà non*, à nos rendez-vous.

Je jugeai, tout d'abord, que c'était là, une pointe de perversité, un facétieux piment dont elle voulait corser ses flirts, mais je dus bientôt reconnaître en Suzanne, la plus honnête des épouses et me dire que la conquête de cette âme me coûterait autant — en son genre — que celle du Négus aux Italiens.

La saison thermale tirait à sa fin sans que j'arrivâsse aux miennes. C'en était encore au larcin d'un baiser sur le bras, entre le gant et la courte manche du corsage, à quelques allusions timidement risquées, à de piteuses protestations d'amour, avec, pour réponse, le rire le plus gentiment persifleur qui soit possible.

Un matin, l'avant-veille du jour fixé pour notre départ, Saturnin reçut à table, une dépêche de son Bâtonnier réclamant son retour immédiat pour affaire grave et urgente.

— C'est simple, répondit-il au regard d'interrogation de Suzanne et au mien... C'est tout simple, je vais filer par le premier train. Que cela ne vous tracasse point. Terminez votre traitement, mes amis, et après-demain, venez me rejoindre à Bordeaux par le rapide du matin ; je vous attendrai pour déjeuner, sur le quai de la gare Saint-Jean.

A cette proposition mirifique, j'esquissai un geste vague, hypocritement vague et dardai la supplication muette de mes yeux sur Suzanne.

Une horrible anxiété m'épreignait à cette minute. Fût-ce par pitié, ou par nouveau défi de coquette, la jeune femme laissa tomber de ses lèvres, l'énigme d'un : « soit ! » qui, malgré tout, m'illumina.

Deux heures après, nous embarquions Saturnin pour Bordeaux. Jusqu'au premier tournant de la voie, nous vîmes sa bonne grosse tête déplumée, son large sourire qui déclanchait son visage, par un accent circonflexe réunissant l'une à l'autre ses deux officielles pattes de lapin...

Dieu me pardonne ! je crois qu'il nous décocha des baisers.

Il avait disparu depuis une longue minute que,

ma compagne et moi, étions encore plantés, muets, à ras du quai.

Parmi le désarroi de mes pensées, en cette angoissante minute, un mot, un seul m'obsédait impérieux : Seuls !..

Oui, seuls, enfin seuls !

Je me sentais accessible aux pleurnichardises de n'importe quelle romance sentimentale.

Quel devait être mon premier mot ? Quel allait être le sien ?..

— Voulez-vous me raccompagner jusqu'à ma villa ? prononça-t-elle enfin, les yeux toujours au loin, fixés sur le ruban des rails.

Comment donc, chère... Madame ! balbutiai-je ravi.

Ça y est !.. *In petto*, je complétai plus explicitement ma pensée par ces trois mots.

Déjà, d'édéniques visions papillonnaient devant mes yeux, de chaudes exaspérations de désirs trop longtemps réfrénés et de parfums d'alcôve, assaillaient, incendiaient mon cerveau...

Je frémissais d'avance de...

Arrivés à la grille de sa villa, elle inclina un joli sourire mignard, murmura un merci et me rendit ce qu'elle appelait ma liberté.

Il est dans la vie, des décevances, des dépits surtout qui ne s'analysent point et se définissent moins encore.

Celui, qu'à cet instant, j'essuyai, — en même

temps que mon front moite de sueur, — est de cette nature.

Le soir, le lendemain, je passsai mon temps au Casino, aux Thermes, partout où, d'habitude, nous nous rencontrions.

Ce fut en vain. La vertu ou la cruauté de cette femme me déconcertait,

Le surlendemain matin, à l'heure fixée par son mari, pour le départ, je me présentai chez elle.

Un omnibus d'hôtel chargeait les malles.

Suzanne m'accueillit avec le même sourire divinement exaspérant.

Décidé à ne plus rien tenter, à ne plus hasarder un geste, un mot qui ne fussent de la plus rigoureuse bienséance, j'attendis qu'elle m'eût dit de monter dans la voiture, auprès d'elle, et agis de même à la gare devant le marchepied du compartiment où je l'avais installée.

J'exagérai l'effacement de ma présence jusqu'à me rencogner à l'extrémité de banquette diagonalement opposée à celle qu'elle occupait.

Dix longues minutes s'écoulèrent, mortellement silencieuses.

La main passée dans la brassière, coulée un peu dans les coussins, Suzanne semblait prendre le plus vif intérêt au mouvement du quai, au va-et-vient des voyageurs et des hommes d'équipe.

Notre portière était fermée au double loquet

Le sifflet du chef de gare strida, immédiatement suivi du répons de la machine.

Nous partions...

Non, nous ne partions pas encore... Un appel, des appels retentissaient le long du train...

Je me redressai et aperçus, sur le quai, un groupe de voyageurs entourant deux messieurs en redingote et chapeau haut-de-forme, cravate blanche, portant une serviette sous le bras et discutant avec le chef de gare.

— Qu'arrive-t-il ? demanda Suzanne à un employé qui courait en s'esclaffant.

— Rien, madame, répondit l'homme sans s'arrêter. C'est des huissiers qui viennent saisir le train...

Suzanne se retourna vers moi, tout amusée, et éclatant de rire :

— Ah ! la bonne farce, mon cher !.. Saisis !.. Nous sommes saisis...

Pour lui complaire et gagner ses bonnes grâces, je m'appliquai à trouver, moi aussi, la chose très drôle, et allumai mon rire au sien.

— Saisis !.. Saisis !.. répétait-elle, en battant des mains comme une écolière au sortir d'une classe ennuyeuse.

— Qu'allons-nous devenir ? interrogeai-je, faussement perplexe.

— J'sais pas, moi, j'ai jamais été saisie de ma vie.

— On va nous mettre sous scellés...

— On va nous plaquer dessus de gros cachets de cire rouge ?

— Oui, affirmai-je, très sérieux, on va cacheter tout ce qui est susceptible de laisser échapper quelque chose... même une opinion.

— Mais, je proteste !.. s'écria Suzanne moins épanouie.

— Moi aussi, je proteste, parbleu !.. mais avec les protêts vous savez, rien à faire...

Sur le quai, les discussions s'envenimaient.

La casquette blanche du sous-chef de gare et les chapeaux haut-de-forme des officiers ministériels jouaient, de loin, une pantomime violente au-dessus des bérets, des toques, des feutres mous des touristes riant et gesticulant.

Un nouveau coup de sifflet retentit, plus impérieux, et le train se mit en marche devant les menaces des deux hommes noirs et les quolibets des voyageurs aux portières.

L'heure d'une suprême attaque ne m'avait jamais paru aussi opportune. Dussé-je courir à une nouvelle défaite, tant pis, j'obtiendrais, au moins, une explication catégorique.

M'agrippant à une phrase antérieure, je lui demandai, mon regard audacieusement droit sur elle :

— Vraiment, de votre vie, vous ne fûtes jamais saisie ?

— Vous voulez vous moquer ?.. répartit-elle moins interloquée du sens de ma demande que du ton sur lequel je la formulai.

— Très sérieux, au contraire, poursuivis-je, mes yeux toujours rivés aux siens.

Elle rougit à peine, parut gênée, et ne reprit son aplomb qu'après que je lui eus jeté, presque brutalement, cette façon de madrigal :

— Eh bien moi, je l'ai été une fois, saisi, mais là, pour de bon.., saisi au point de sentir mon pauvre cœur misérable rouler avec toute sa détresse, sur le pavé.., à vos pieds.

Elle eut son éternel sourire, et constata, très simple :

— Tiens, c'est gentil, ce que vous dites là !

Loin de me désarmer, le sarcasme ne fit qu'exaspérer ma passion.

J'allai m'asseoir juste en face de la jeune femme, si près, que nos genoux se frôlèrent.., et d'une voix rauque de tendresse courroucée :

— Suzanne, m'écriai-je, vous avez le droit de repousser les sentiments que vous savez pour vous en mon cœur, oui, vous avez le droit de les repousser, mais avec la loyauté, la grandeur, la générosité dont eux-mêmes s'ennoblissent.

Vous ne devez pas les mépriser, ni les narguer, ni surtout faire votre hochet du cœur qui vous les offre.

Suzanne, je vous aim.....

Elle posa sa fine main gantée sur mes moustaches, y écrasant le dernier mot.

De sa voix la plus douce, la plus naturelle :

— Ecoutez, dit-elle, quoique vous soyez mon aîné, de nous deux, c'est encore vous le plus enfant.

Vous m'aimez, dites-vous ; vous me respectez aussi, n'est-ce-pas?... au moins comme l'honnête femme d'un honnête homme, votre ami...

Chut! j'entends par avance ce que vous allez objecter...

Oui, je sais ; une femme, jeune comme moi,... un vieil époux comme lui!.. un beau cavalier comme vous,... ce sont les trois données de l'archi-vieux problème de l'adultère...

Ça m'amuse beaucoup ce genre de règle de trois, cette sempiternelle comédie où l'un des rôles a si souvent sa doublure : celui du mari — je ne parle pas de celui de la femme si souvent joué au pied levé. — Ça m'amuse beaucoup, mais seulement au théâtre et dans les romans... La pratique personnelle ne me tente point. Ainsi, vous déduisez le reste, n'est-ce-pas? Demeurons bons amis, bons camarades et...

A propos, dites-moi donc ce que vous comptez faire à Paris, cet hiver?...

Je baissai le nez, sans répondre.

Je sentais mon ultime espoir tombé bêtement, hors de moi, hors du wagon, sous les roues, écrasé, pulvérisé, balayé, emporté dans le coup de rafale du rapide lancé à toute vapeur.

Je regagnai mon coin à l'autre bout du compartiment, dépliai haut un journal et, derrière, barricadai mon désespoir.

. . . .
. . . .

« Bordeaux !... Bordeaux — St-Jean !...
Je tendis la tête au dehors.

— Personne ne descend !... me hurla un employé la main posée sur le loquet inférieur de ma portière.

Me retournant, je me trouvai face à face avec Suzanne.

Je marmonnai, rageur :

— Personne ne descend !

— Et pourquoi donc ! s'écria-t-elle, en regardant à son tour au dehors.

— Pour cause de saisie, gouailla l'employé sans broncher.

L'huissier vient de requérir les gendarmes, et exige l'accomplissement de quelques formalités avant la descente des voyageurs.

Suzanne et moi, nous nous dévisageâmes.

— Pas intéressants de pareils voyages, fis-je avec humeur.

— Vous trouvez, mon ami ? me répliqua-t-elle d'une voix emplie de doux reproches.

Une foule encombrait le débarcadère...

Au premier rang, j'aperçus Saturnin, son rire bête et son ombrelle blanche brandie vers nous.

— Monsieur votre mari..., fis-je simplement à ma compagne en lui montrant mon ami le magistrat.

Elle contraignit mal un geste dépité et murmura :

— A-t-il l'air assez grotesque, avec sa télégraphie aérienne.

Cinq minutes se passèrent ainsi.

La situation menaçait de s'éterniser.

Le long du convoi, une vingtaine d'employés gardaient les portières, cependant que deux nouveaux messieurs en redingote et chapeau haut-de-forme, encadrés de deux gendarmes de planton, discutaient avec le chef de gare.

Dans les wagons du rapide, la plupart des voyageurs protestaient hautement, jetaient les mots d'arbitraire, de réclamation, d'interpellation au Parlement...!

C'est une indignité !

— Pour un Monsieur qui poursuit la Compagnie, arrêter ainsi deux cents personnes !

Suzanne s'était rassise, énervée. Elle avait détourné les yeux de son mari qui, au loin, télégraphiait toujours.

A mon tour, je repris ma place sur la banquette.

Nos regards se croisèrent... mais cette fois, si étranges, si capiteux, si troublants et si troublés, qu'ils se prirent l'un dans l'autre, se confondirent en une communion de douceurs et de tristesses.

Malgré moi, mû par une force surnaturelle, je saisis, dans les miennes, les mains de la jeune femme,...

A travers le gant, je les sentis toutes fiévreuses. Elle ne les retira point...

...Suzanne !... balbutiai-je.

Alors, que se passa-t-il en cette belle indomptée, en cette inaccessible charmeuse.. ? fût-ce dépit, fût-ce contraste entre la pantomime de ce grotesque et la douloureuse ferveur de ma voix, fût-ce même, remords tardif de sa cruauté coquette pour tant d'idolâtrie, ou enfin, conséquence d'une de ces sautes bizarres, imprévues, d'un cœur de femme énigmatique à défier, à dérouter les plus subtiles psychologies... que sais-je ?... Ses petites mains se crispèrent dans les miennes, ses bras se raidirent et leur brusque contraction rétrograde m'attira jusque sur ses lèvres que je baisai avidement, à travers la voilette.

Elle frissonna toute et fit entendre un petit cri de tourterelle en amour.

Puis, je ne sais comment, ma tête glissa vers son épaule et vint se poser, étourdie, grisée sur son cœur, juste au-dessous du sein que je sentais en révolte....

. . . .
. . . .

— Mon ami, il faut attaquer la Compagnie, vociférait Saturnin, quelques minutes après, quand les employés nous eurent ouvert les wagons.... Il faut attaquer en dommages-intérêts... Prétextez une affaire manquée, par suite de ce retard illégal, une superbe affaire...

Et comme Suzanne se gaussait du conseil...

— Eh! quoi, ajouta l'irascible magistrat s'adressant toujours à moi, vous accepteriez d'être ainsi mis sous scellés?

Alors, mon regard se tourna vers Suzanne, cueillit au vol son joli sourire de reconnaissance attendrie, s'arrêta délicieusement évocateur à cette gorge, sous laquelle, un instant plus tôt...

— Oui, sous-scellés! persista l'époux.

— Sous seins-privés, rectifiai-je, avec la canaillerie cynique d'un véritable ami, tandis que le pétulant Saturnin s'éplorait encore, nous ouvrant ses bras :

— Songez-donc, si c'eût été un sinistre, un tamponnement!... Pauvre mignonne!... Pauvre cher ami!.. Songez donc...

Si vous aviez *télescopé* !!

Palmes et Martyre

— Zut !

— Poulette !... ma poulette !...

— Rezut !! Et puis, voulez-vous entendre mon dernier mot, larmoya Mme Graze-Allard, née Aglaé d'Urand, à son chef-de-contentieux d'époux M. Graze-Allard... le voulez-vous entendre ce dernier mot ?...

Monsieur Graze-Allard qui, depuis vingt-deux ans de mariage en avait entendu bien d'autres « derniers mots » de sa femme, piqua du nez dans son journal haut déplié, et, stoïquement coi, le regard flottant sur le Cours de la Bourse, laissa l'indignation de Madame suivre le sien.

— Vous êtes un abominable monstre !... et moi, une incomprise. J'étais née pour vivre dans d'autres régions que celle où, de part une loi infâme, vos droits d'époux me tiennent en servage.

Oh ! les revendications féminines n'en sont encore qu'à la période théorique.

Monsieur Hervieu, lui-même, n'a pas tout dit et ses *Tenailles* ne suffisent point pour extirper jusqu'aux dernières, les serres de gypaète de cette *Loi de l'Homme* que... qui...

Madame Graze-Allard, née Aglaé d'Urand, se moucha bruyamment, enveloppa dans les replis de son carré de calicot la queue de sa métaphore et enfouit le tout dans la poche de son peignoir.

Dans la salle à manger mal éclairée, à chaque coin de la cheminée, où rougeoyait une grille bourrée de coke, les deux époux digéraient maintenant en leur fauteuil.

La table était encore encombrée des restes du dîner, de bouteilles et d'assiettes sales.

Un silence plana, qui permit à Madame de reprendre haleine, égratigna d'une transe la passivité quiète de Monsieur, puis, entre eux deux, se posa sur le tapis, bien sage, le ventre au feu.

D'un coup de pied nerveux, Madame le fit s'envoler.

— Ecoute, fit-elle, sur un ton radouci, je veux tenter un suprême effort, et n'avoir rien à me reprocher si, quelque jour, l'exaspération me faisait, d'un coup d'aile, abandonner le terre-à-terre de notre commune existence.

Monsieur eut un petit soupir étouffé.

Il préférait tout au silence.

Ses yeux se raccrochèrent à la hausse de l'Ottoman.

— Je souffre, vois-tu, poursuit Madame, avec un trémolo dans la voix, et je souffre doublement à la pensée que l'objet de ma souffrance demeure pour toi, sinon une énigme, du moins un caprice, une futilité. Tu sais, ou plutôt, tu feins d'ignorer l'âme de sensitive qu'est la mienne. Elle a toujours ses dix-huit ans, cette pauvre petite âme et, pour un rien, elle s'éjouit et, pour un rien elle s'éplore. Et malgré toutes les brutalités de la vie, elle a su s'exiler, s'abriter dans son Rêve et demeurer pure et belle et douce et toujours éprise d'irréelles beautés. Quand, après notre lune de miel, je dus m'avouer tristement la divergence de nos vues, notre incompatibilité de...

— ...d'humeur, secourut obligeamment Monsieur.

— ...d'esthétique, rectifia Madame avec dédain, ...je résolus de faire comme mon âme...

— ... de t'exiler ! exulta Graze-Allard.

— ...dans mon Rêve.

— ... avec facilités d'extradition.

— Ne raille pas, idiot ! Dès lors, je vécus avec mon âme, je m'entretins avec elle...

— ... et mes appointements.

— Je chantai avec elle, et l'an dernier...

— L'an dernier ?...

— Je publiai mes premiers vers !

— Hein ! sautilla Monsieur.

— .. Mes premiers vers, en une plaquette de

soixante-neuf pages, sous ce titre symbolique :
Perles blanches.

— « C'est un mal bien cruel et bien connu des femmes », a dit Musset, parlant de la versificomanie chez le sexe faible.

— Je signai l'œuvre du pseudonyme : Anne Emie.

— Ça va bigrement bien avec le titre.

— Des critiques influents ne dédaignèrent point de me juger. L'un d'eux affirma que c'était là le chant d'une belle âme et l'œuvre d'une *Jeune* qui promettait.

— Ah ! Ah !...

— Sur les instances réitérées de quelques amies intimes à qui j'avais divulgué ma personnalité littéraire, je me décidai, au mois de novembre dernier, à réclamer du Ministre des Beaux-Arts, comme légitime récompense à mes succès, comme public couronnement de mon trop modeste talent...

— Un bureau de tabac ?...

— ... les palmes d'officier d'Académie !

— Bigre, ma chère, exclama Monsieur Graze-Allard, dont l'ahurissement à cette révélation, se compliqua d'un vague respect.

— Je te réservais cette surprise pour la nuit du 1er janvier... j'avais une chemise toute préparée, une chemise de batiste rose à entre-deux de dentelles, avec, sur la poitrine et sur chaque épaule, un gros nœud de faveurs violettes.

— ... de faveurs violettes !

Le chef-de-contentieux en déserta son journal.

Madame penchée vers lui, minauda et zézaya en petite fille honteuse :

— ...de faveurs violettes, annonciatrices d'autres faveurs plus...

Redressé comme un ressort, — un ressort à boudin — subitement détendu, Monsieur, fébrile, s'épongeant le front, arpenta la salle à manger.

— Du calme Anatole... Gare à ta congestion...

Et, reprenant son sujet :

— Eh ! bien, ça a raté, je n'ai pas été de la promotion. Le Ministre a répondu à l'amie influente le sollicitant pour moi, que ma demande était juste mais tardive, que, pour cette fois, il avait distribué dix-huit cents mètres de ruban violet parmi les maires, les adjoints, les chefs de fanfare et les dentistes-américains de France et, qu'il ne pouvait décemment, entamer une nouvelle bobine à mon intention.

Son Excellence daigna même ajouter ce conseil : Dites à Madame Anne Emie, au délicat poète des *Perles Blanches*, de corroborer les chances de sa prochaine candidature par quelques *Services publics*, moins éthérés, mais plus effectifs,... Cours, enseignement publics, leçons de piano, de langues vivantes, de déclamation, etc...

— Que veux-tu ? ma poulette, consola Monsieur, ce sera pour la prochaine bobine.

— Evidemment. Mais je ne veux rien négliger

pour assurer le succès de ma démarche. Voici ce que j'ai imaginé et que tu vas, j'en suis sûre, accepter de grand cœur.

Notre fille qui, dans quelques jours, atteindra ses dix-huit ans, a remporté l'an dernier, au couvent, le prix d'honneur d'Anglais. Elle en sait donc plus qu'il n'en faut pour...

— Angèle, donner des leçons !

— Qui le saura, mon chéri, parmi tes collègues ? Personne. Ah ! si c'étaient des leçons de chant ou de piano, je ne dis pas,... Le concierge, les voisins... Mais des leçons de langues, d'Anglais surtout,... Ça se passera dans notre petit salon, le plus bourgeoisement du monde.

— Quel rapport vois-tu donc entre les leçons données par notre fille et l'obtention par toi des palmes académiques ?

— Nigaud va ! je fais inscrire aux Beaux-Arts, Madame A. Graze-Allard, professeur libre. On ne s'occupera pas si c'est Madame ou Mademoiselle qui professe. D'ailleurs les initiales sont les mêmes : Aglaé, Angèle...

— Et les élèves ?

— Ce sera bien le diable si, d'ici au mois de juillet, nous ne dénichons pas, à n'importe quel prix, quelques personnes désireuses d'apprendre l'Anglais. Et cela, tout simplement, par relations, par l'intermédiaire de cette bonne amie influente qui s'intéresse tant à moi.

— Soit, ma poulette, acquiesça Monsieur.

— Oh! merci, merci, mon gros loulou, effusa Madame...Allons nous coucher maintenant...

On va vous la montrer la belle *mi-mise* aux faveurs violettes, mon gros gourmand...

Madame Graze-Allard née Aglaé d'Urand, dormit cette nuit-là sur ces nouveaux projets et sur l'attendri giron de Monsieur Graze-Allard, son époux, et dans une vision ruban académique, rêva que tout en elle était délicieusement violet...

*
* *

Une semaine se passa, Madame A. Graze-Allard était inscrite sur les contrôles du professorat libre, au Ministère.

Une jeune fille pauvre, postulant un emploi de gouvernante et désirant, au préalable, se perfectionner dans l'étude de la langue anglaise, était encore l'unique élève du *Cours*, moyennant vingt-cinq francs par mois.

Une nouvelle idée, au moins géniale, vint alors dans l'imagination du pseudo-professeur, se greffer sur la première : « Usons des grands moyens » ! s'écria-t-elle dans son for intérieur, au risque d'en ébranler les murailles. Parlons au public par la voix de la publicité! Et les élèves afflueront à mon Cours.

Dès le lendemain matin, à la quatrième page d'un grand quotidien, cette petite annonce paraissait, encadrée de deux autres qui mentionnaient des « photographies captivantes, poses d'été » et un « Massage hygiénique par deux sœurs originaires de l'Aisne et du Bas-Rhin » :

Leçons de langues vivantes, par une dame. Prix modérés. De 2 à 5. 100, Rue Taitbout, 2ᵉ, au fond.

Et, pour ne point alarmer de bureaucratiques susceptibilités, Madame Graze-Allard se garda d'en souffler mot à son mari.

A onze heures trente-cinq, ce dernier vint, comme de coutume, déjeuner entre Madame et sa fille, une brunette à frimousse drôlichonne, aux cheveux ébouriffés, au petit air gavroche, mais très « comme il faut » pourtant.

Aussitôt après le départ du papa pour son bureau, Madame, dont, pendant le repas, le visage avait mal dissimulé la joie, l'anxiété qui, intimement, obsédaient son âme de poète et son amour-propre de professeur, embrassa sa fille Angèle sur les deux joues et lui annonça :

— A partir d'aujourd'hui, je t'en promets moi, des élèves, ma chérie. Tu verras avant ce soir.

Et puisque le fruit moral de tes leçons m'est acquis pour la conquête de mes palmes, les résultats pécuniaires serviront à grossir ta dot.

Maintenant, va, comme moi, mettre ta robe de satin noir... C'est plus convenable... je t'autorise

un bout de ruban de faille rose autour du cou...
le nœud derrière bien entendu.

La femme de ménage est prévenue. C'est elle
qui ouvrira et fera pénétrer au salon où nous nous
tiendrons toutes les deux. Alors, je m'excuserai,
prétextant un surcroît de besogne et te déléguerai,
toi, ma secrétaire, pour donner la leçon en mon
lieu et place...

L'élève sera certainement trop poli pour y trouver à redire.

A deux heures sonnantes, Madame introduisit
elle-même une allumette enflammée sous la grille
de cheminée du salon, et le paquet de margotins
enseveli sous le coke depuis plusieurs jours, commença de flamber et de crépiter derrière le tablier
de tôle abaissé.

Puis, un livre à la main, les jupes bien retombantes, en les cassures raides du satin, ces dames
s'installèrent chacune dans un fauteuil et, souriantes, les bras accoudés, immobiles, pour ne
point déranger la bouffante symétrie des manches,
la tête calme, par égard aux frisures, elles attendirent.

Une heure agonisa ainsi, puis expira dans les
bras de l'heure suivante qui, à son tour se livra au
même exercice, mais plus languissamment, plus
lourde d'angoisse.

Quand la pendule familiale, au pastoureau doré,
tinta quatre coups, le feu de la cheminée, lui aussi,

s'effondrait, pâlissait, agonisait comme les heures, et le visage de ces dames, aux lèvres pincées, blémissait de muet désespoir.

Elles n'avaient point échangé deux paroles, depuis elles ne savaient quand.

Leurs gorges se serraient, se séchaient dans leur carcan de satin noir, sous le ruban de faille rose, avec le nœud derrière.

Leurs regards eux-mêmes appréhendaient, en leur rencontre, l'aveu tacite de leur détresse.

Dinggg!!!

Le timbre de la porte d'entrée!

Elles tressautèrent, automatiques.

Un éclair jaillit de leurs prunelles..., et toujours muette, chacune fit un profond appel à son courage et à sa salive.

Un bruit de voix parvint à leurs oreilles.

Sans doute, cette imbécile femme de ménage qui parlementait bêtement au lieu de faire entrer.

Oh! quelle peste ces bonnes de Paris.

Un loquet grinça. La porte du salon s'ouvrit grande, et la domestique vint s'y aplatir contre pour livrer passage à un Monsieur élégant, au teint bistré, aux roufflaquettes exotiques et vêtu d'un long racing-coat dont une boutonnière de revers s'illustrait d'une rosette polychrome.

A la vue des deux femmes, il eut un imperceptible mouvement de retraite, salua très bas.

— Mesdames...

— Monsieur...

Des courbettes, des sourires. La porte claqua aux mains de la maritorne disparue.

— Veuillez vous remettre, Mons...

— Mesdames, interrompit l'inconnu, avec un fort accent étranger et sans qu'une fibre de son visage bronchât, zou n'ai ni l'habitoude, ni le goût des loungs discours. Zou réponds simplement à l'appel de votre annonce... quoique étranger, zou souis assez Parisien pour comprendre.

Dans un petit rire malin et clignant de l'œil derrière son monocle, il termina :

— Zou viens donc prendre oune première leçon des langues announcées.

— Cher Monsieur, répondit Madame Graze-Allard avec sa plus gracieuse révérence, nous sommes vraiment flattées...

— C'est vous la Maman ? trancha encore l'inconnu, du ton d'un Monsieur qui ne tient pas à s'attarder aux boniments congratulatoires.

Il glissa le pouce et l'index dans une poche de son gilet, en tira un louis et le tendant à son interlocutrice :

— C'est vous qui encaissez ? Voilà. Prounez, prounez d'avance et si zou souis countent, zou reviendrai, et vous amènerai d'outres... élèves.

Abasourdie, Madame Graze-Allard, craignant de froisser, par un refus, la dignité de ce riche étranger, prit le louis, bégaya un remerciement et, avec un tas d'aimables risettes, rétrograda vers la porte et sortit du salon.

Il n'y avait pas deux minutes qu'elle avait rejoint sa domestique à la cuisine, que la porte de l'escalier s'ouvrait doucement et qu'elle se trouvait nez-à-nez avec Monsieur Graze-Allard lui-même.

— Coucou ! j'ai voulu te surprendre, ma poulette, j'ai voulu surprendre la surprise que tu me réservais pour ce soir. Oh ! j'ai bien compris, va, à ta figure, pendant le déjeuner, que tu me cachais une heureuse nouvelle. Et je me suis esquivé de mon bureau...

— Chut !... parle bas ! Un riche étranger est là, avec Angèle, en train de prendre sa leçon de langues.

Tiens, regarde ce beau louis. Ça paie d'avance ces gens-là ! Et s'il est content, a-t-il dit, il reviendra et amènera d'autres élèves...

— Tes palmes sont dans le sac, ma poulette !

— Avec le *sac*, tu veux dire, facétia Madame. C'est aussi la fortune, la petite fortune conquise au bout de la gloire.

— Pauvre chérie ! te voilà donc au terme de ton martyre, de ton martyre d'incomprise... je l'avais toujours dit, que tu décrocherais ces palmes d'officier d'Académie, de poète et de martyre... Si tu étais vierge encore, même demie, tes titres seraient au complet !

— Méchant ! susurra Madame, je ne t'en veux

pas pour cela... Enfin, je les aurai donc, mes *Services publics*.

. . . .

— Maman ! Maman ! au secours !...

A ces cris, partis du salon, Monsieur et Madame Graze-Allard bondirent, épouvantés.

Irrués dans la pièce, en coup de mistral, lui devant, elle derrière, ils aperçurent le grand Monsieur aux roufflaquettes, débraillé, le chapeau en bataille, étreignant sur le canapé, leur fille, leur encore propre fille, la brune Angèle qui, jupes au vent et jambes folles, se débattait, se trémoussait, comme une petite couleuvre, et poussait des clameurs aiguës d'assassinée qu'on lutine.

A la tombée du secours paternel dans son dos, et à la double épithète de « Grand saligaud ! », le riche étranger lâcha prise et, quelques secondes après, avec un vacarme effroyable, parmi les hululements de Madame, les cris de Mademoiselle, les imprécations de la domestique et les invectives des deux hommes, toujours mutuellement agrippés au collet, tout le monde dégringolait le long des escaliers de l'honorable immeuble jusque devant la porte cochère.

Un rassemblement de trois cents badauds eut bientôt entouré les belligérants.

Deux sergents de ville survinrent enfin et, avec force bourrades, parmi les quolibets de la foule, poussèrent le tout vers le poste.

— C'est une infamie ! proférait l'honnête chef de contentieux, les bras au ciel, nu-tête, invoquant le Préfet de Police et ses antécédents.

— Une abomination ! renforçait Madame Graze-Allard.

— Il m'a appelé « Grande saligoute! » Mossiou, braillait le riche étranger... « Grande saligoute ! » Et z'ai payé d'avance pour la petite ! — Une announce, Mossiou, — leçons de langues — On connaît le trouc, c'est du raccoulage !...

— C'est une infamie, meuglait Monsieur Graze-Allard apoplectique.

— Moâ ! grande saligoute !!

— C'est bon, c'est bon, conclut un sergot en entraînant les deux hommes par leur manche de paletot. On sait c'que c'est. Affaire de mœurs et de chantage. Vous vous expliquerez devant le commissaire. Allons, ouste !...

— Oh! Maman, Maman ! sanglotait la pauvre petite Angèle échevelée et fermant la marche, c'est donc ça les *Services Publics* !!

Le Rapt

C'était au bon jeune temps où, sous le social prétexte de complément d'études, je suivais de vagues cours et beaucoup de petites femmes, je faisais quelques vers, moult dettes et le quatrième à la manille en certain café du Quartier, à huit cent et quelques kilomètres de ma famille et du toit, — ou du plafond — qui eut le rude honneur de me voir naître.

De mes trois partenaires, un seul, mon meilleur ami d'alors, est devenu ce qu'on appelle : « Quelque chose. »

Etabli médecin à Trie-la-Payse, joli petit-trou-pas-cher dans les Hautes-Pyrénées, il y a épousé une femme charmante, riche et féconde héritière, et s'y livre désormais à l'exercice de son art, loin du charlatanisme et des curetages à la mode chez d'aucuns de ses illustres confrères de la Capitale.

Les deux autres ont tristement fini. Le premier, lancé à fond de train dans la finance, a mal tourné vers Mazas... et le second, lancé au galop dans une allée du Bois, s'est tué, parmi un embarras de voitures, en ne tournant guère mieux.

Or, un soir, la partie terminée, mon ami, l'étudiant en médecine, que nous avions surnommé Spatule, pencha vers moi, par-dessus la pile de soucoupes que je venais de perdre, un visage surchargé de confidentielles angoisses.

— Tu vas me rendre un service ! me siffla-t-il à l'oreille.

La détresse muette de mon regard rampé du long des soucoupes jusque dans ses yeux, fut toute ma réponse à ce que je croyais une demande d'argent.

Il comprit et s'expliqua :

— ... Un grand service. J'ai besoin de toi cette nuit.

— Pour... ?

— Attends, nous allons être seuls.

Les deux autres, en effet, — ceux qui devaient si mal tourner — s'étaient levés. Serrée de main générale, puis ils s'éloignèrent vers une destination mystérieuse... quelque lieu de sombres débauches, évidemment.

— Tu sais, épancha alors Spatule, que je perche depuis deux ans, rue d'Hautefeuille, à l'hôtel du n° 113... Ça ne m'a pas porté malheur, tu vas en juger. En deux mots, je te relève le point de ma situation morale sur l'océan de la vie... Je suis amoureux fou de la fille de mon proprio...

Elle s'appelle Thérèse, tu as dû la voir, elle est jolie comme un cœur.

— En effet, une brune...

— ... piquante.

— Et des yeux ?...

— ... de pervenche.

— Des pieds ?...

— ... de Cendrillon... Un teint de lys,.. une taille de guêpe...

— Assez ! Spatule, assez ! n'en jette plus ! Tes comparaisons sont aussi inépuisables qu'inédites.

— Une perle, mon vieux !

— Et tu n'aspires qu'à lui faire subir le sort commun à toutes ses sœurs en bijouterie : sertie, montée ou enfil...

— Avant tout, je l'enlève .. cette nuit.

— Un rapt ?...

— Tu l'as dit. C'est notre seul moyen de nous bien posséder l'un l'autre. Thérèse abonde dans ce sens...

— Preuve qu'elle en a...

— D'ailleurs, les vieux demeureraient inflexibles à toutes nos prières. Or, le temps me manque pour prier... L'amour, mes études, la manille emplissent déjà mon existence jusqu'au bord.

— Mais, en quoi mon concours peut-il ?...

— La réussite du rapt exige une fuite à l'anglaise. Depuis deux ans, je suis, pour l'hôtel, un irréprochable locataire. Mes mois sont payés d'avance par ma famille. C'est donc un déménagement à la cloche de bois, sans grande importance, que je perpètre... Je n'emporterai pas la pendule !

— La fille, voilà tout. Elle est assez précieuse pour être mise sous globe, elle aussi.

— Tout est prêt. Thérèse s'est couchée habillée. Son petit baluchon est sous son lit. Moi j'ai ficelé ma malle. A deux heures du matin, à la fermeture des cafés, tu vas m'accompagner dans ma chambre, où ma chérie nous rejoindra.

Chargé de mes quelques bibelots, tu fileras devant, avec elle, par la porte d'entrée que nous aurons omis de refermer. Un fiacre attendra au bout de la rue. Elle montera dedans. Toi, tu reviendras m'aider à mobiliser ma malle. C'est simple, tu le vois et tu ne risques qu'une chose..., de faire deux heureux qui n'oublieront jamais...

— Compte sur moi, Spatule ! m'écriai-je en un de ces beaux élans de générosité et de dévouement que je me connais.

Il m'étreignit les deux mains et, dans la crainte d'aller à rebrousse-poils de sa gratitude, je le laissai solder ma pile de soucoupes.

A deux heures cinq, un fiacre à galerie était posté à la jonction de la rue d'Hautefeuille et du boulevard et, à pas de cambrioleurs nous avions escaladé les quatre étages du n° 113, conduisant à la chambre de Spatule.

Dix minutes après, Thérèse la brune, surgissait

entre nous, avec un frémissement de petite souris peureuse. Elle portait à la main un paquet enveloppé d'une serviette et, sous le bras, un corset de rechange et une brosse à cheveux entortillés à la diable dans un journal déchiré.

Des baisers sourds.., des baisers encore..., puis une présentation rapide. Il fallait agir.

Spatule m'encombra les mains, les bras, d'un ballot de bouquins ficelés, d'un stock de parapluies et de cannes et d'un énorme bocal vert-foncé que je supposai contenir quelque friandise à l'eau-de-vie, — des prunes, sans doute, il n'absorbait que ça au café, — puis, à la suite de Thérèse, il me poussa dans l'escalier ténébreux.

— Allez, mes enfants, du courage, de la prudence, et dépêchez-vous surtout !

Avec mille tâtonnements et aussi, je dois l'avouer, mon cœur battant sa petite charge, nous atteignîmes la porte de l'hôtel, entrebâillée, puis la rue...

Un soupir de soulagement !...

... Une grande poussée de courant d'air...

— Bôô...oum !!

La porte, brutalement refermée par le vent, nous détonait dans le dos !

Je pensai lâcher parapluies, bouquins et bocal.

— *Cambronne* ! proférai-je, héroïque.

— Terrifiée, la pauvre petite, tendait vers moi

le désespoir de ses bras, de son baluchon, de son corset de rechange et de sa brosse à cheveux.

Je sentis qu'un beau devoir m'incombait, que j'avais à remplir un rôle de petite Providence.

— Courons vous réfugier dans le fiacre, dis-je à la douce Enlevée ; moi je reviendrai ici, au secours de Spatule.

Silencieuse, elle me suivit.

La rue était déserte, mal éclairée. Un renflement de maison dérobait à notre vue le sapin posté à cinquante pas.

Hâtifs, nous glissions le long des murs nos deux silhouettes de malandrins en fuite. Nous allions contourner le renflement...

— Halte-là !

Deux sergots, énormes, une main baissée sur la poignée du sabre, l'autre levée sur notre épaule, nous coupaient le trottoir.

— Où courez-vous comme ça ? demanda une voix épaisse exhalée d'un capuchon...

Je bégayai :

— Nous courons... prendre un bock au d'Harcourt...

— Ah Ah ! ricana la voix.

— Oui, renforçai-je, nous avions soif, Madame et moi, alors, nous nous sommes dit : « Tiens ! si on allait prendre...

— Ah ! Ah ! rericana la voix... Et, que portez-vous là, dans vos bras ?

— Un parapluie... Il tombait des gouttes tout-à-l'heure, alors, nous nous sommes dit : « Tiens, nous ferions bien de prendre...

— Un, deux, trois, quatre parapluies, une ombrelle et deux cannes !... Et ce paquet ? Et ce bocal ?... Tout celà est louche, suivez-nous, on s'expliquera mieux au Poste !

La petite, à cette injonction, éclata en larmes, moi, je risquai encore de timides objections et bon gré, mal gré, nous dûmes nous acheminer entre les deux agents.

En l'absence du commissaire et de son second, ce fut un brigadier rougeaud qui, après une mortelle attente, daigna procéder à notre interrogatoire.

On nous avait fait asseoir, chacun à une extrémité de banc, après nous avoir vidé les poches et dépouillé de nos impédimenta.

— Alors, c'que vous f'tiez t't'à l'heure rue d'Hautefeuille ? Un sale coup, hein ? Et vous vous carapattiez ?

— Pardon, M'sieur le brigadier, nous sommes...

— J'le vois bien c'que vous êtes....

Moi je commençais à la trouver mauvaise. L'aventure tournait au tragique. Résolu à me rebiffer, je protestai d'une voix outragée :

— Je vous affirme brigadier, que nous ne sommes point... D'ailleurs, écoutez notre histoire...

— Votre histoire !... J'men bats l'œil de votre histoire ! vociféra l'agent galonné.

J'les connais d'avance vos boniments. J'vas vous les dire !

Et déficelant les paquets alignés sur une table :

— Des parapluies... volés, des cannes... *dito*, une jupe, un corsage, etc... *dito*... Et ça ?...

— Un bocal, brigadier.

— Taisez-vous ! Je le vois parbleu ! un bocal. Mais, quoi dedans ?... Agents, apportez une autre lampe !

— Des prunes à l'eau-de-vie, brigadier, renseignai-je, obséquieux, avec un sourire sucré plein d'invite.

Je ne sais ni pourquoi, ni comment, j'étais convaincu que c'étaient des prunes à l'eau-de-vie. On a des intuitions comme ça dans la vie. Ça ne s'explique pas, ça s'impose.

Un éclair d'espoir m'illuminait. Les agents aiment à boire, pensais-je. On va trinquer à la ronde et tout s'arrangera.

La lampe de renfort irradia sur la table.

Je tournai un regard consolateur vers ma compagne, affalée à l'autre extrémité du banc, le visage dans ses mains, les épaules et son chapeau à plumes secoués de gros sanglots.

— Des prunes à l'eau-de-vie !! beugla le Satrape. Agents !! agents !! empoignez-moi ce gaillard. Mettez-le sous clef et surveillez-le étroitement jusqu'à demain matin. Des prunes à l'eau-de-vie !

Et tandis que quatre bras vigoureux me garottaient, me soulevaient comme un ballot, mes yeux dardés sur le bocal, y aperçurent.... devinez quoi ?....

.... Un fœtus ! ma chère, un adorable petit fœtus à tête monstrueuse, aux membres grêles, à ventre ballonné, qui, suspendu par un fil au bouchon, épanouissait dans l'alcool une grimace verdâtre...

— Infanticide ! taxa carrément le brigadier perspicace, et il émit à la pauvrette pétrifiée :

— Ben ! ma fille, vous avez de chouettes recettes pour la conservation de vos produits !

Allez, ouste ! au violon ! Le panier-à-salade vous enlèvera *tous les trois*, demain matin.

Une bousculade dans un bouge noir, nauséabond. fracas de verrou... je m'écroulai anéanti sur un escabeau contre lequel s'étaient meurtris mes tibias.

Mon cerveau bourdonnait, mes tempes menaçaient explosion, mes idées enchevêtrées, empêtrées dans un réseau d'épouvante, refusaient tout service. Seuls, des mots, des mots horribles me martelaient le crâne de leur obsession : Rapt, fuite nocturne, escalade et détournement de mineure, vol, viol, infanticide... Et pour corollaires : travaux forcés, réclusion... échafaud peut-être !!

La vision claudicante du M. de Paris au parapluie de coton bleu, ensanglanta mes ténèbres.

Ma jeunesse, ma famille, mes poésies, mes espérances et mes créanciers défilèrent à la suite, blême cortège à mon exécution.

Sacrée canaille de Spatule ! M'avoir ainsi flanqué sa maîtresse et un fœtus sur les bras ! Allez donc faire comprendre à cette brute d'alguazil que c'est un objet d'ornement pour chambre d'étudiant en médecine !

Ignoble carabin ! moi qui escomptais mon salut dans tes prunes à l'eau-de-vie !

Je me tâtai le pouls : J'avais la fièvre. Je me grattai la nuque... mon pouce et mon index y cueillirent et écrasèrent un insecte dont la puanteur me divulgua la nationalité.

Dans cet état d'âme, je vécus, j'agonisai jusqu'à l'heure bénie et matutinale où le commissaire me fit comparaître devant lui avec ma complice et où, sur les renseignements et les prières et références de Spatule, venu nous réclamer, tout daigna s'expliquer.

Le magistrat ne voyant là qu'une fredaine d'étudiants, jugea la leçon suffisante et consentit à nous relaxer après une semonce aussi verte que le fœtus toujours grimaçant dans l'alcool, sur le bureau administratif.

— Maintenant, embrassez-vous, jeunes misérables! nous commanda le paternel commissaire.

Et je dus étreindre dans mes bras la défaillante petite maîtresse de mon ami.

Thérèse la brune, put avec son baluchon, regagner sa chambre avant le réveil de ses farouches parents.

Spatule et moi, l'oreille basse, mornes, écrasés sous le faix des bouquins, des cannes, des parapluies, du bocal d'ameublement et de notre commun dépit nous nous réfugiâmes dans mon logis de la rue Git-le-Cœur... Et là, à cette heure solennelle, en la mélancolie pantoise de ce retour d'amoureuse équipée, je me découvris une âme à jamais vide de dévouement... et une chemise populeuse.

Alors, et par la suite, je m'adonnai à l'hydrothérapie purificatrice. Spatule, lui, n'enleva jamais plus personne et devint, vous le savez comme moi, l'intègre, le grave praticien de Trie-la-Payse où il jouit paisiblement de l'estime publique et de sa femme privée, la riche et féconde héritière qui, chaque année lui rapporte un héritier.

Les Noces de Cana

Si jamais la stupéfaction me produisit l'effet d'un coup de poing au creux de l'estomac, ce fut bien l'autre été, lors de mon mois de vert, dans la Bigorre, et de ma rencontre avec cet ineffable Henri Cana, chez les de Pescaire, en leur castel des Morions, près Pouyastruc.

Notre connaissance, avec Cana, ne datait pas d'hier. Nous avions été condisciples de *huitième*, puis de *septième* au Lycée de Tarbes. Émules ès-cancrerie, nous avions alors maintes fois, — en la sublime inconscience de nos jeunes âmes libertaires, en une communion de révolte farouche contre le régime féodal des pions, des pensums et de l'internat, — nous avions partagé les mêmes opinions sur la vie et le même plat de haricots au jus, dans l'ombre tortionnaire du séquestre.

Puis, brutalement, à une fin d'année scolaire, nous avions été séparés : lui, retourné au Lycée, où il avait terminé ses *études* en quelques mois de *sixième*, et moi, expédié par ma famille, au

Prytanée de la Flèche, où je complétai vaguement les miennes jusqu'à l'âge de dix-huit ans.

Depuis cette époque, je n'avais revu Cana qu'une seule fois, pendant des vacances.

Il m'était réapparu sur le quai de la gare d'Argelès et m'avait appris qu'il remplissait désormais les fonctions de gérant à l'hôtel que tenait son père dans cette station thermale.

Et dix ans après, sans crier gare, me broyant les deux mains, m'embrassait presque, tant sa joie s'effusait près de mon visage, ce lointain Cana, ce vieux frère d'enfantines révoltes, ce sympathique gérant d'hôtel, — à la mise de hobereau endimanché, à la physionomie merveilleusement quelconque, au front étroit à demi-envahi par une végétation de poils noirs et drus, qu'il avait le toupet d'appeler ses cheveux, aux yeux profondément vrillés et qui, de loin, me semblaient deux des innombrables petits encriers qu'il s'était amusé jadis à arracher de nos tables scolaires, et à chiper, pour en lapider le pion par dessus les portes basses des latrines...

Eh quoi! ce Cana d'aujourd'hui, fidèle exagération du Cana d'autrefois, je le retrouvais....

Où, Seigneur!...

Chez les de Pescaire, en leur castel des Morions, dans ce décor et cette famille d'archi-vieille noblesse, remontant aux Croisades et descendue à Pouyastruc!... chez Monsieur le Marquis Sigismond-Agénor de Pescaire, et son épouse Madame la Marquise, née Iseule de Bidache, et leur fille, Mademoiselle Isoline !

Vraiment la bourrade au creux de mon estomac était rude. Et ma mimique, dès mon arrivée au château, fut assez explicite pour que la Marquise elle-même daignât m'instruire.

— Nous vous attendions, cher ami, fit-elle après les premiers compliments du revoir. Nous attendions votre annuelle visite avec une impatience qui n'a d'égale que la joie qu'elle nous procure.

— Vous ne comptiez certes point trouver ici, M. Henri Cana votre ami d'enfance, devenu pour nous tous un commun ami ?

C'est tout simple : l'an dernier, nous allâmes passer la saison à Argelès-Gazost. Descendus au Grand-Hôtel des Touristes, tenu encore par M. Cana père, nous remarquâmes la distinction, les belles manières, le brillant esprit de M. Cana, son fils. Et durant tout notre séjour, ce cher Monsieur Henri s'ingénia à nous soigner, à nous dorloter... et cela à des prix princièrement dérisoires.

Bref. Voilà dix mois, Monsieur Cana père, mourut subitement, laissant son fils, seul, à la tête de sa maison. Alors, sans traîner et comprenant parfaitement que rien ne le retenait plus désormais hors de la voie sociale pour laquelle il était né, Monsieur Henri Cana vendit magnifiquement l'hôtel, et par le courrier suivant arriva au Château des Morions, pour solliciter la main de Mlle Isoline, notre fille.

Et voilà... A l'heure où je vous cause, les jeunes gens s'adorent à la folie et n'attendent que le jour prochain où leur union sera célébrée.

Je saluai le speetch de la Marquise d'un sourire, et, en même temps qu'un stock de compliments, vœux et autres formalités de politesse, offris à tout le monde, une vigoureuse et cordiale tournée de poignée de mains.

Une heure après, seul avec lui, au fond du parc, Cana voulut bien compléter, pour moi, les informations :

— Ça t'épate, hein, mon vieux?

— J'avoue, mon cher Cana...

— ...que ça t'épate! dis le mot.

Il y a de quoi. Et malgré que la vieille prétende que ça fût tout simple, ça m'a causé pas mal de tintouin.

L'obstacle le plus sérieux à ce mariage dont, — en attendant mieux — je caressais l'idée depuis un an, était, tu le devines la question de naissance.

Une demoiselle de Pescaire unie à un Cana !

Quelle mésalliance ! je devais en convenir. C'était là, d'ailleurs, la seule pierre d'achoppement, car j'avais pour atouts, mon indépendance, ma jeunesse, mon esprit, — c'est la vieille qui parle, — et surtout trois cent mille francs au bon soleil...

C'était donc bien un sentiment noble et désintéressé, l'amour pur qui me faisait aspirer à la main de Mlle Isoline de Pescaire, belle, mais sans le sou, tu le sais comme moi.

— Et cet obstacle?

— Je l'ai franchi, mon vieux! Et brillamment franchi, grâce à une idée génita... génér... comment dites-vous donc cela à Paris?

— ...Géniale, sans doute?

— Géniale! En feuilletant un catalogue du Musée du Louvre, le hasard, hasard béni! fit tomber sous mes yeux, ce titre et cette description de tableau.

« P. Véronèse. *Les Noces de Cana.* Apporté en
« France à l'époque de la conquête d'Italie, Parmi
« les personnages célèbres dont Véronèse a intro-
« duit les portraits dans sa composition, on re-
« marque : François Ier, Charles-Quint, Soliman Ier
« Eléonore d'Autriche, le Titien, le Marquis de
« Pescaire, etc... »

Je bondis. L'idée géniale était éclose. Les Noces de Cana... un de mes aïeux à coup sûr... et pour convive un de Pescaire... j'étais sauvé! Plus de mésalliance! La Révolution avait dû m'arracher et me chiper ma particule, comme moi, jadis, les encriers du collège, et j'étais dès cet instant, convaincu qu'un Henri de Cana valait bien une Isoline de Pescaire.

Tout chaud, tout bouillant, je laissai transpirer ma découverte dans le sein de Madame la Marquise que je savais la moins hostile à mes prétentions.

Ce fut l'éclair triomphal.

Le lendemain, le vieux marquis me pressait dans ses bras et jurait que les ombres illustres et chevaleresque des de Pescaire et de ce sacré noceur de Cana autorisaient hautement leurs rejetons à renouveler les agapes du tableau de M'sieur Véronèse.

— Bravo, mon tendre de Cana! m'écriai-je à mon tour en brutalisant les mains du descendant de l'immortel *Noceur*.

Sans me laisser m'attarder à ce qu'il prenait pour de l'enthousiasme, il poursuivit :

— Et puisque je te tiens, tu vas m'aider de ton expérience de psychologue.

Demain, il y aura ici, un grand dîner où un tas d'amis et de connaissances vont assister.

Je veux y aller de ma surprise. C'est mon genre à moi, l'imprévu. Mais il me faut quelque chose de pas banal. Tu as vu combien était jolie, ravissante, désirable, candide, ma douce fiancée.

C'est une blonde aux yeux bleus, un peu pâle... j'aime assez cette pâleur, c'est plus...

— ...mélancolique.

— Ça porte davantage à l'apo...

— A la peau?!...

— .. à l'apogée du rêve...

— Tais-toi de Cana! proférai-je, tu n'étais, je le vois, qu'un poète endormi!

— Qui sait?.. fit-il d'un petit air compliqué.

Bref. Pour la surprise en question, je voudrais quelque chose de simple, de bon goût, pas de bijou, pas de bibelot stupide — une plante, plutôt, plante d'Orient, au nom étrange, au parfum inédit aux fleurs symboliques...

J'énonçai au hasard de la mémoire :

Pyrole, renoncule, pancratier d'Illyrie, saponaire, thlapsie, volubilis, myrtille, oxyanthe, hortensia-Montesquiou, rose-Coppée, glaïeul, seringat...

— Seringat! Seringat! Qu'est-ce?

— Un arbuste d'Orient aux fleurs blanches exhalant un parfum pénétrant, capiteux...

— V'là mon affaire.

Isoline connaît comme sa poche le langage des fleurs. Celles-là doivent certainement raconter quelque chose de pas nigaud.

Comment se procurer cela pour demain soir? Connais-tu une adresse de fleuriste à Paris?

— Oui, mais il vaudrait mieux s'adresser à un ami obligeant... j'ai justement ton affaire, un camarade de cercle; tu vas lui passer une dépêche à mon nom.

Quelques instants après, Cana télégraphiait :

« Achète et expédie immédiatement superbe
« *seringua* à cette adresse : Mlle de Pescaire, châ-
« teau des Morions, près Pouyastruc, Hautes-
» Pyrénées. »

Je crus devoir d'un ton affable, relever l'orthographe de *seringua* ;

— C'est …g …a …t, rectifiai-je.

— Bast! ça ira quand même, conclut Cana, pressé de remettre son papier au télégraphe...

Moi, tu sais, c'est toujours comme au Bahut, l'orthographe, j'm'en fouts !

Le lendemain, dans l'après-midi, une vingtaine d'invités de tous sexes, envahissaient le castel des Morions La. Marquise et sa fille, avec leur grâce et selon le cliché coutumier, faisaient les honneurs du domaine.

Une heure avant dîner, Cana, le bienheureux, avait dépêché un exprès à la gare prochaine où devait être arrivé par le rapide de midi, le seringat demandé.

Le domestique qui devait servir à table était secrètement prévenu...

— Au dessert, lui avait recommandé le fiancé, vous apporterez sur la table, enveloppé, le paquet qu'on va recevoir au nom de Mademoiselle et vous y joindrez la lettre que voici.

— Cette lettre ?... interrogèrent mes yeux écarquillés.

— Ce sont des vers ! me jeta froidement Cana... je ne suis qu'un poète, je ne te l'ai pas fait dire, hier.

Le dîner fut spendide et délicieux et d'un fol entrain. Ce diable de Cana mangeait comme quatre de tous les plats, dévorait du regard la blonde Isoline et dépensait un esprit à faire crever d'envie celui des Lois.

Aux approches du dessert, il se prodigua moins. Une anxiété semblait l'agripper au larynx. Son visage, maintenant sérieux, presque soucieux, se tournait nerveusement vers la porte de service.

Enfin, le domestique entra, porteur d'une boîte rectangulaire, assez longue, et d'une lettre qu'il remit à Mlle Isoline de Pescaire.

Comme autant de flèches, tous les regards convergèrent sur le silencieux Henri de Cana, dont la physionomie s'empourprait, orientaliste.

— Une surprise! le cadeau de fiançailles! clama le vieux Marquis. Ah! Gredin, nous vous revaudrons ça!

Et son index, amicalement menaçant, flagellait de loin, Cana-le-Bienheureux!

— Maman!... Papa!... de la poésie!... exultait la douce Isoline en décachetant la missive.

— Déclame-nous cela, fillette, ordonna la Marquise. Pendant ce temps, je déballerai la surprise.

Debout, tout épreinte d'un délicieux émoi, la voix attendrie, sa gorge frêle palpitante sous le surah de son corsage de jeune fille, comme si le premier baiser d'amour, soudain, l'eut frôlée de sa caresse, la blonde Isoline, lut, tandis qu'avec mille précautions pour éviter le froissement des papiers d'emballage, la Marquise, sa mère, dépaquetait la *surprise* :

Humble hommage !... ses pleurs...

A un geste inachevé de Cana, je compris qu'il voulait rectifier : « *ses fleurs* », mais il se tut.

...ses pleurs sont couleur de votre âme.
Ah ! que leur doux symbole en un flot caresseur,
Vous pénètre de joie et d'intime fraîcheur...
Je l'ai payé cent sous au quartier Notre-Dame.

Des gloussements de maman, des pâmoisons de demoiselles, des applaudissements de Messieurs, puis un cri, un cri terrible, cri rauque et terrifiant d'anathème.

Devant Madame la Marquise de Pescaire, née de Bidache qui l'avait proféré, parmi les papiers défaits, au fond d'une boîte, brillait, apparaissait, en sa blancheur crue de nickel, en sa forme apothicairement accusatrice, une superbe seringue du plus fort calibre...

Les descendants des illustres de Pescaire maudiront et mépriseront longtemps l'ombre de ce sacré noceur de Cana et son facétieux rejeton qui, malgré mon avis amical, méprisa lui-même trop impunément l'orthographe.

Célérité et Discrétion...

Comédie conjugale en un acte

PERSONNAGES

MONSIEUR
MADAME } *Tous deux jeunes, beaux, riches et spirituels.*

Le Scène se passe à Paris... tous les jours.

Le cabinet-fumoir de Monsieur. Porte à gauche communiquant avec la chambre de Madame. Porte à droite donnant sur l'escalier de service. Cheminée au fond. — Table, chaises, fauteuils... Canapé avec une couverture de voyage et un coussin...

SCÈNE I

Au lever du rideau, Madame en toilette de ville, paraît dans l'entrebâillement de la porte de gauche. Elle frappe et, n'obtenant pas de réponse, se décide à entrer :

MADAME (*entrant*). — Pardon, Monsieur, de vous déranger...

Je cherche ma tapisserie que je crois avoir oubliée ici...

(*S'apercevant qu'elle est seule.*)

Tiens, il n'est pas là... il est sorti... il vagabonde sans doute avec ses maîtresses, le misérable ! — le

misérable, c'est mon mari — avec ses maîtresses !
Et moi, pauvre petite femme !... Eh ! bien, moi
aussi, je suis sortie tout à l'heure... je suis sortie
pour chercher un terme à cette existence d'enfer...
Car, c'en est une existence d'enfer, depuis huit
jours, depuis la fameuse rencontre...

Etait-il assez confus, le misérable !...

Figurez-vous que ce soir là, je devais aller
prendre le thé chez une de mes amies .. C'était le
devoir de mon mari de m'y accompagner, n'est-ce
pas ?... Eh ! bien, non, Monsieur ne le juge pas
ainsi et, prétextant je ne sais quelle réunion, me
quitte après dîner... J'étais furieuse !... mais mon
amie avait ma promesse, impossible d'y manquer.

Je fais donc atteler le coupé, et je pars seule,...
avec mon dépit...

Je suivais le mouvement du boulevard, d'un
œil distrait, quand, tout à coup, qui aperçois-je sur
la terrasse du Grand Café ?... — nous y voilà à
la fameuse rencontre... — qui aperçois-je ?... mon
mari, mon grand nigaud de mari, en tête-à-tête
avec une femme à toilette extravagante..

Alors, voyez-vous, mon sang ne fit qu'un tour,
et, baissant brusquement la glace du coupé, j'agitai
mon mouchoir par la portière.

Ils me reconnurent les deux tourtereaux.

Mon mari se leva, ahuri, me suppliant avec des
gestes désespérés de m'arrêter... J'ordonnai au
cocher de prendre le galop.

Mais à minuit, quand nous nous sommes retrouvés ici !... Ah ! quelle scène !...

J'étais folle, moi, et lui, doux comme un agneau, me jurait que cette femme était la maîtresse d'un ami et non la sienne, qu'il ne m'avait jamais trompée, qu'il m'aimait, qu'il m'idolâtrait, et patati... et patata... tout le formulaire palliatif de l'adultère...

Bref, aujourd'hui, nous voilà fâchés, mais là, pour de bon, et séparés par cette cloison en attendant de l'être par la loi...

Je couche dans ma chambre, moi, là, à côté... et il couche dans la sienne, lui, ici... Et maintenant, ce que je cherche, c'est un motif, un bon motif de séparation, un irréfutable flagrant délit avec témoins.

Il y a quelques jours, je lis à la quatrième page d'un journal : « Divorce, prompte solution, célérité et discrétion, Duvéreux, ancien officier ministériel, etc...

Je cours aussitôt chez cet agent d'affaires, qui me promet, dans la huitaine, le flagrant délit demandé... Je paierai cher, c'est vrai, mais après tout, ça vaut bien son prix !...

Ma femme de chambre est avertie... s'il m'arrivait une lettre personnelle... Chut ! on monte l'escalier... C'est lui... le misérable.

(Elle disparaît par la porte de gauche, qu'elle referme doucement derrière elle.)

SCÈNE II

Monsieur (*entre en fredonnant, un bougeoir à la main. Il le pose sur le guéridon, fait un tour dans la chambre, puis va regarder par la serrure de la porte gauche, toujours en fredonnant.*

(*Se retournant.*)

Elle est là... dans sa chambre...

(*Il se déshabille, puis endosse un veston d'intérieur.*)

Moi, je chante, pour tâcher de m'étourdir... mais ça ne me réussit guère de chanter !... Enfin, on fait ce qu'on peut,... pas ce qu'on veut, malheureusement !...

Ah ! si on faisait... je sais bien ce que je ferais moi.

D'abord, il n'y aurait pas huit jours que cette existence durerait, si on peut appeler une existence pour un mari, d'avoir une cloison entre sa femme et lui !... Et tout ça, à cause de quoi ?... à cause de mon imprudence d'abord, et de Nini Fricandeau, ensuite... vous savez Nini Fricandeau, la maîtresse à Chose, mon ami, dont le frère a failli être ministre la semaine dernière...

Nous étions au café tous les trois... Chose s'absente un instant, pour... parce qu'il avait besoin de s'absenter, quoi !... Je reste seul avec Nini Fricandeau, et le diable veut que, juste en cet instant, ma femme passe par là dans son coupé, et nous aperçoive ainsi !...

Vous devinez mon retour au foyer !... Un de ces potins !... Non, je ne crois pas que de mémoire d'épicier... Enfin, voilà la situation... mais vous comprenez qu'elle ne peut durer davantage la situation... On est marié, ou on ne l'est pas !... Il faut être ou ne pas être, « (to be or noth to be) ». Très vraie cette affirmation, quoique ce soit un Anglais qui l'ai formulée le premier.

Ma femme est gentille, et je ne l'ai pas épousée pour passer mes nuits sur un canapé...

D'abord, j'y perds l'observance de mes devoirs d'époux, puis j'y gagne des courbatures.

Aussi, vaut-il mieux rompre pour de bon. Mais voilà, il faut un motif.

Pour le trouver, j'ai eu l'idée de m'adresser à une agence dont l'annonce était sur mon journal : « Divorce, prompte résolution, célérité et discrétion, Duvéreux, ancien fonctionnaire, etc... »

On m'a promis, dans la huitaine, un bon flagrant délit avec témoins et accessoires... Comment va-t-on faire pour le trouver, je l'ignore... mais enfin, peu m'importe, l'essentiel est qu'on le trouve, et alors... oh ! alors, cette bonne petite vie de garçon qui va recommencer, plus belle et plus volcanique que jamais !... (*Il s'étend sur un canapé, allume une cigarette et rêve pendant un instant*). Au fond, ça me fait tout de même quelque chose de quitter sitôt ma petite femme. Je crois qu'elle aurait su me rendre heureux quelques semaines encore... Enfin, tant pis !... on se rabattra sur les Nini Fricandeau !...

Cristi, qu'on est mal sur ce canapé !...

(*On frappe à gauche.*)

C'est elle... (*criant*) qui est là...?

Voix de Madame (*au dehors*). — C'est moi, Monsieur... voulez-vous me permettre...?

Monsieur (*se levant brusquement et courant ouvrir la porte toute grande*). — Mais comment donc, chère amie, comment donc !... (*A part*). Soyons conciliant pour éviter l'orage...

SCÈNE III

Monsieur. — Madame.

Madame (*entre et parle sans regarder Monsieur*). — Je vous demande pardon de vous déranger, je cherche ma tapisserie que je crois avoir oubliée ici. (*Elle cherche de tous côtés.*)

Monsieur (*obséquieux*). — Me déranger ?... Mais jamais de la vie, chère amie, jamais de la vie... (*Il suit Madame pas à pas*). C'est votre tapisserie que vous avez oubliée ?... Mon Dieu, ça n'est qu'un petit malheur... Ça peut arriver à tout le monde d'oublier sa tapisserie... On est distrait... on n'y pense pas... et puis voilà, on oublie,... sans y faire attention...

MADAME (*se parlant à elle même*). — Elle n'est pas ici... Je l'aurai sans doute laissée au salon... (*Elle fait un mouvement de fausse sortie, puis se retourne pour regarder encore*). Oh ! que c'est ennuyeux !...

MONSIEUR. — Ennuyeux, vous l'avez dit, chère amie, très ennuyeux !...

MADAME (*même mouvement*). — Encore une fois, Monsieur, je vous demande pardon...

MONSIEUR. — Mais pas du tout, chère amie...

MADAME. — Vous dormiez, sans doute ?...

MONSIEUR. — Mais, pas du tout...

MADAME. — Et je vous ai réveillé... Vous devez avoir tant besoin de sommeil, après vos saturnales effrénées.

MONSIEUR. — Mais, ma chère amie, je te jure que je ne dormais pas !...

MADAME. — Alors, vous rêviez... Vous rêviez à ce tête-à-tête sur la terrasse, à l'amour de cette maîtresse qui vous donne la nostalgie du ruisseau dont elle sort, et c'est moi... moi, votre femme devant Dieu, qui ose venir troubler un si beau songe !...

MONSIEUR. — Ma chérie, je te jure encore une fois, que c'était la maîtresse à Chose, mon ami, dont le frère a failli...

MADAME. — Oui, assez, je la connais votre histoire... mais, rassurez-vous, je n'ai pas longtemps encore à vous importuner...

Monsieur. — Mais si, je t'affirme que si... allons Suzanne, calme-toi !...

Madame. — Il ne me plaît pas de me calmer... Et je dirai tout à maman... Vous entendez bien, Monsieur, je dirai tout à maman !

Monsieur (*énervé*). — Maman... Maman...

Madame. — Quoi ? Maman... moquez-vous donc de maman, allez, ne vous gênez pas !...

Monsieur. — Je me moque de maman !... pauvre chère femme ! Elle est assez malheureuse de ne pas être ici pour empoisonner la vie de son gendre.

Madame. — Ah ! tenez vous n'êtes qu'un...

Monsieur. — ... misérable !... Voilà soixante-six fois que tu me le dis en huit jours, chère amie...

Madame. — Et cette vie ne peut pas durer, vous savez...

Monsieur (*très calme*). — C'est vrai, elle ne peut pas durer cette vie.

Madame. — J'en ai assez...

Monsieur. — J'en ai trop, moi, beaucoup trop... (*avec câlinerie*). Allons, va, faisons la paix, veux-tu, Suzette ?... faisons la paix et aimons-nous comme avant, bien fort... Recommençons ces bonnes escapades d'amoureux, le soir, au Bois...

Tu te rappelles, mignonne, le mois dernier, cette jolie soirée toute pleine d'étoiles, de parfums et d'amour, où, après avoir abandonné notre voiture à la Cascade, nous nous perdîmes sous bois, bras-dessus, bras-dessous... puis, cet endroit tellement touffu, qu'en nous embrassant, nous nous laissâmes tomber sur l'herbe... sans nous faire de mal... au contraire... Et, un long instant après, nous repartions heureux, montrant le poing à la lune qui nous épiait avec un gros sourire de malice... N'est-ce pas, Suzanne, que tu n'as point oublié ?...

Madame. — Eh ! qu'importe, Monsieur ?... C'est du passé tout cela, et il n'y a plus que le présent qui me préoccupe... Ah ! tenez, vous n'êtes qu'un...

Monsieur. — ...misérable ! ça fait soixante-sept !

Madame. — Et, maintenant, c'est moi que vous raillez ?... Il ne manquait plus que votre sarcasme grossier pour compléter mon martyre !...

Oh ! maman, que je suis malheureuse ! Mon Dieu ! que je suis donc malheureuse ! ! !

(*Elle éclate en sanglots et sort par la gauche.*)

SCÈNE IV

Monsieur (*après un moment de silence*). — Encore huit jours de ce régime et je m'embarque pour Charenton... — pont de la Dis... de la Concorde... — (*Il arpente sa chambre, agité*). Et tout ça, à cause de quoi ?... à cause de mon imprudence, d'abord, et de Nini Fricandeau ensuite.... vous savez, la maîtresse à Chose... dont le frère a failli... Enfin, voilà... voilà la vie... voilà le mariage !... Et dire, pourtant, que si je ne l'avais jamais perpétré ce maudit mariage... je serais encore garçon !... C'est incroyable ce que l'avenir tient à peu de chose !...

Si seulement, l'agence m'envoyait une bonne nouvelle, ce soir, comme elle me l'a presque promis... Je vais tâcher de dormir un peu en attendant... mon valet de chambre est averti...

(*Musique de scène.* — *Il va regarder par la serrure de gauche.*)

Elle se déshabille, elle aussi... la voilà en jupons.. Elle tapote son oreiller... plus de corset !

(*Se retournant avec dépit*). Et c'est là, ma femme... et c'est moi, son mari !...

Non, mais, voyez-vous, comme c'est drôle, un mari qui a une femme, et qui ne peut pas !... Mais il y a de quoi démoraliser l'Eunuque, secrétaire général des Embrassades du Grand-Turc !...

(*Il se jette furieux sur le canapé, et s'enroule dans la couverture.*)

Si je pouvais m'endormir, ce serait l'oubli. (*Il se retourne nerveux, puis reste face au mur*).

... Mais, voilà, il aurait fallu savoir... et quand on ne sait pas... on ne sait pas...

(*Il s'endort.*)

SCÈNE V

Monsieur (*endormi*). — Madame.

Madame (*en toilette de nuit, peignoir, cheveux épars, entre, à pas de loup, par la porte gauche*). — Il dort le misérable... Ça ne l'empêche pas de dormir lui, d'être seul, tandis que moi, pauvre petite femme, je veille et je pleure...

Monsieur (*rêvant tout haut*). — ...Vous vous moquez de maman, vous n'êtes qu'un misérable... Ça fait soixante-neuf...

Madame (*avec compassion*). — Comme on doit être mal, sur ce canapé !... Et il dort pourtant !...

Monsieur (*rêvant*). — ... Et tout ça, à cause de quoi ?... Ah! si j'avais su !... Mais voilà, il aurait fallu savoir...

Madame. — Suis-je bien sûre que cette femme est sa maîtresse?... Ne dois-je pas le croire quand il me jure que non ?...

Monsieur (*rêvant*) ... Et quand on ne sait pas... on ne sait pas !...

Madame. — Dire, qu'il y a huit jours à peine, nous étions si heureux !... Et cette histoire de Bois et de lune qu'il m'a rappelée tout à l'heure... Eh ! bien vrai, elle m'a fait quelque chose cette histoire... et maintenant que j'y pense... elle m'empêche de dormir !..

MONSIEUR (*rêvant*). — Cette lune qui s'esclaffait, là-haut, en nous voyant ! Ah !...

(*Il se tourne, se retourne, énervé et tombe à terre.*)

MADAME (*pousse un cri et court l'aider à se relever*). — Ciel ! t'es-tu fait mal mon ami ?...

MONSIEUR (*se redressant furieux*). — Vous, madame ?... Vous, ici ?... Que veut dire ?... Alors, je ne puis plus être chez moi, dans ma maison ?... Alors je ne puis plus dormir, je ne puis plus tomber comme bon me semble, sans vous trouver sous mes pas ?... Mais, vous êtes mon cauchemar, Madame !...

MADAME. — Oh ! Max, de grâce !...

MONSIEUR. — Non, madame, plus de grâce, plus de pitié !... Mon cœur désormais est d'airain !...

MADAME (*suppliante*). — Ecoute-moi, au moins, écoute-moi... Eh ! bien, je te crois, tu n'as point de maîtresse !...

MONSIEUR (*emporté*). — Si, madame, si, je vous demande pardon.., C'est là qu'est votre erreur : J'en ai des maîtresses... des maîtresses qui me font rêver, et me donnent la nostalgie du ruisseau dont elles sortent !..

MADAME. — Je sais que tu m'aimes, que tu m'adores !...

MONSIEUR. — Non, madame, non, c'est encore là qu'est votre erreur, je ne vous aime pas, je ne vous adore pas... et la preuve, c'est que, depuis huit jours et huit nuits, je méconnais, sur ce canapé, mes devoirs d'époux.., et j'attrape des courbatures !.,.

MADAME. — Eh bien ! faisons la paix, veux-tu, mon Max chéri ? faisons la paix, et aimons-nous comme avant, bien fort... Recommençons nos escapades... (*câline*) Tu sais, là-bas, au Bois, ce soir qu'il faisait si beau.., la lune qui nous souriait !...

MONSIEUR. — C'est faux, Madame, c'est faux, la lune ne nous souriait pas... elle s'esclaffait la lune, de nos ébats de calicots en goguette.

MADAME. — Puisque c'est toi-même qui me l'affirmais tout à l'heure... grand méchant !...

MONSIEUR. — Alors, je ne sais pas ce que je dis !... moquez-vous donc de moi, allez... ne vous gênez pas !... Tenez, madame, en voilà assez, en voilà de reste... puisqu'il n'y a pas moyen de dormir en paix ici... Je vais coucher dehors!...

(*Il va pour s'habiller.*)

MADAME. — Calme-toi, mon Max, je t'en conjure !...

MONSIEUR. — Je me calmerai, si ça me plaît, Madame !... (*cherchant ses effets*) Vous m'entendez ?... Si... ça... me... plaît !... Où sont mes manchettes ?.,. et mon faux-col... où diable ai-je fourré mon faux-col ? Oh ! fichtre non, ça ne peut pas durer ainsi ! J'en ai assez de passer ma vie à chercher mon faux-col !...

(*On frappe à gauche.*)

VOIX DE LA FEMME DE CHAMBRE. — Madame !...
MADAME (*à part*). — Des nouvelles de l'agence...
(*Haut*). — C'est bon !...
(*A Monsieur*). — Soit, je vous laisse vociférer tout seul !...

(*Elle sort à gauche.*)

SCÈNE VI

MONSIEUR (*se calmant*). — J'ai eu le dernier mot tout de même !.. Il n'y a pas a dire, je l'ai bien eu le dernier mot !...

(*Ecoutant à droite*). On monte par ici... ce ne peut-être que mon valet de chambre... qui m'apporte le flagrant délit, sous pli cacheté...

(*Il sort par la droite.*)

SCÈNE VII

MADAME puis MONSIEUR.

MADAME (*entre et se voyant seule*). — Ah ! il est parti !... Je revenais ici pour ne pas éveiller ses soupçons... Enfin, tant mieux, je pourrai lire plus tranquillement cette missive confidentielle...

(*Elle tire une lettre de son corsage et va la lire à l'avant-scène gauche.*)

« Cabinet d'affaires, célérité et discrétion...

« Madame, nous avons l'honneur de vous faire
« part du résultat de nos recherches... La femme
« que vous avez aperçue, il y a huit jours, avec
« Monsieur votre époux, n'était que la maîtresse
« d'un de ses amis... »

Monsieur

(Entre de droite, et va à l'avant-scène droite, lisant une lettre, en même temps que Madame.)

Ensemble

« Mais nous avons découvert deux témoins ocu-
« laires qui, un soir du mois dernier, ont assisté
« dans un coin fourré du bois de Boulogne, à une
« scène des plus piquantes, jouée sur l'herbe, au
« clair de lune, par... (Monsieur). — Madame votre
« épouse et un jeune Monsieur... (Madame). —
« Monsieur votre mari et une jeune dame... que
« nous ne jugeons point encore opportun de vous
« faire connaître... Bref, le cas de divorce se trou-
« vant bien établi, veuillez passer au plus tôt dans
« notre cabinet pour terminer cette affaire...
« Agréez... etc... etc... »

Madame (*sans bouger, à part*) — Etrange !!!

Monsieur (*de même*). — Bizarre !!!

Madame. — Alors, c'est donc vrai qu'il m'aime, qu'il ne m'a jamais trompée, et que c'est moi la seule coupable !...

MONSIEUR. — Décidément j'ai beau vouloir le contraire, ma femme m'est fidèle...

MADAME. — Comme je dois le faire souffrir ce pauvre Max !...

MONSIEUR. — Mais je la martyrise ma Suzette, je la martyrise !...

MADAME. — Il a raison de m'appeler son cauchemar.

MONSIEUR. — Il n'y a pas à dire, je ne suis qu'un misérable... soixante-huit... soixante-neuf... soixante-dix fois !.. un misérable ! Il n'y a pas à dire !

MADAME. — Et je vais lui demander pardon, là !...

MONSIEUR. — Et je cours me jeter à ses pieds, na !...

(*Ils se retournent en même temps, s'aperçoivent, cachent vivement leur lettre, l'un dans son gilet, l'autre dans son corsage, et se regardent très embarrassés.*)

(*Après un silence.*)

MADAME. — Eh ! bien oui, c'est moi, Monsieur... (*A part*). Il lisait une lettre de sa maîtresse !...

MONSIEUR — C'est moi aussi, Madame... Et pas un autre... (*A part*). Une lettre d'amant qu'elle a cachée...

MADAME (*à part*). — Dire que je voulais me pendre à son cou !...

MONSIEUR (*à part*). — Quand je pense que

j'allais me précipiter à ses pieds, risquant encore une courbature !...

Madame (*ironique*). — Que vous dit-elle, votre Dulcinée ?... Je vous y ai pris là... je vous y ai bien pris ?...

Monsieur (*de même*). — Et votre... vieux ?... Car c'est à coup sûr un vieillard qui vous écrit... on ne s'appelle pas Suzanne pour dédaigner les antiquailles !... Je vous y ai pincée, hein ?... je vous y ai bien pincée !...

Madame (*exaspérée*). — Avilissez-moi, maintenant, avilissez-moi bien !... (*changeant de ton*). Demain matin, Monsieur, pas plus tard que demain matin, je m'enfuirai chez ma mère !...

Monsieur. — ... Avec vos cliques et vos claques !... c'est une bonne idée !...

Madame. — Eh ! bien, oui, là... c'est un vieux qui m'écrit !...

Monsieur. — Et à moi, c'est... Anastasie, vous savez, Anastasie, la blanchisseuse d'en face, adjudicataire des sapeurs-pompiers... j'arrive ensuite, comme client éventuel, et elle satisfait toute sa pratique, Anastasie...

Madame. — Ah ! tenez, vous m'écœurez !...

Aussi, est-ce le divorce qu'il me faut. (*A part*). Si je pouvais lui prendre cette lettre comme bonne preuve !...

Monsieur. — Et moi, c'est le débarras que je

réclame !... (*A part*). Tâchons de lui arracher ce billet !...

(*Ils se parlent nez à nez.*)

MADAME. — Le divorce... divorce... divorce... !

MONSIEUR. — Le débarras... débarras... débarras !...

(*Il se saisissent mutuellement leur lettre et s'éloignent l'un à droite, l'autre à gauche.*)

MADAME (*triomphante*). — Ah ! je la tiens cette preuve !... et je vous brave !...

MONSIEUR (*avec dépit*). — Vous me bravez ?. c'est une insulte ?...

MADAME. — Une insulte... vous l'avez dit... une grosse insulte !... hou !... hou !... hou !...

MONSIEUR. — (*exaspéré, s'avançant vers Madame* Ah ! ! ! (*Très calme*). C'est bon... je la garde !...

MADAME (*sans se déconcerter*). — Voyons, ce qu'elle vous écrit cette... femme ?

MONSIEUR. — Pourvu que je puisse le déchiffrer ce... débris amoureux !...

(*Ils lisent chacun de leur côté. Jeux de physionomie. Ils terminent ensemble, et se regardent longuement en silence.*)

MONSIEUR (*se jetant aux pieds de* Madame). — Ma Suzanne !...

MADAME (*lui prenant la tête et l'embrassant*) — Mon Max !...

MONSIEUR. — Pardonne-moi...

Madame. — Fais-moi grâce...

Monsieur. — C'est moi qui ai tous les torts !...

Madame. — Moi seule, suis coupable !...

Monsieur. — Non, c'est moi, c'est moi...

Madame. — Je te dis que ce n'est que moi...

Monsieur. — Je t'affirme...

Madame (*relevant Monsieur*). — Allons, ne recommençons pas à nous chamailler !

(*Avec un soupir.*)

Dire, pourtant, que sans cette escapade amoureuse !...

Monsieur (*l'embrassant dans le cou*). — Ma Suzanne !... (*Nouveau baiser*) Ma Suzette adorée !... (*Fleurnichant*). Je sens l'amour s'emparer de mon être !...

Madame. — Oh ! oui, Max, dire que sans cette escapade !...

Monsieur. — Mais pourquoi, diantre, ai-je écouté ce sacré Chose, dont le frère a failli être ministre la semaine dernière ?...

Madame. — Oublions tout cela !...

Monsieur. — Excepté l'escapade, par exemple !... (*Avec câlinerie*). Dis, ma Suzette chérie, si nous la recommencions l'escapade ?...

Madame. — Maintenant, au Bois ?...

Monsieur (*regardant l'heure*). — C'est vrai, il est un peu tard...

Madame (*rougissante*). — Alors ?...

Monsieur (*embarrassé*). — Alors... nous pourrions toujours la répéter... ici... pour nous assurer que nous n'avons oublié aucun détail de mise en scène... les accessoires sont les mêmes... il ne nous manque que le décor.

Madame. — Répéter ici... tout de suite ?...

Monsieur. — Mon Dieu, il m'est avis que le plus tôt serait le mieux...

Madame (*souriante et câline*). — Avec célérité, alors ?...

Monsieur (*l'embrassant et posant un doigt sur ses lèvres*). — ... Et discrétion, surtout !...

(*Rideau.*)

DEUXIÈME PARTIE

LE VENIN

Pèlerinage

Le long de la route blanche qui poudroie, inondée du soleil de midi, et que borde de chaque côté, une lande de pins déroulant à perte de vue la désolante uniformité de sa perspective ; en un de ces landaus de province, lourds et vastes, capitonnés en couleurs criardes, et dont l'extérieur revêt on ne sait quelle gravité de prestige officiel ou de dignité bourgeoise, les deux amants, assis côte à côte, se rendaient au petit village de Saint-Vincent.

Parisiens en vacances, retour des eaux, ils s'étaient arrêtés, pour la journée, dans ce coin du Médoc.

Depuis leur départ de la ville, ils n'avaient pas échangé vingt paroles. La jeune femme tenait au-dessus de leurs têtes, son ombrelle, dont la soie mauve, bordée de dentelles, craquait sous les morsures du soleil.

Le cocher, le chef disparu sous les vastes ailes d'un panama, la veste débraillée, une pipe aux dents, les reins cassés, affalé sur son siège et laissant flotter les rênes, somnolait, engourdi par la chaleur.

— Voyons, Jean, une dernière fois, demanda la jeune femme à son compagnon, veux-tu me dire où tu me conduis ainsi ?

— A Saint-Vincent, je te le répète, ma chère Suzanne, je veux y voir une famille de braves gens que mon père aimait beaucoup...

— N'est-ce pas dans ce pays qu'il est mort ton papa ?

— C'est par ici, en effet... répondit évasivement le jeune homme.

— Pourquoi n'as-tu pas plutôt été revoir sa tombe ?

Surpris par la question, Jean hésita avant de prétexter :

— C'est beaucoup trop loin. Il nous aurait fallu interrompre notre voyage pendant deux ou trois jours.

— Et, voilà-t-il longtemps que tu n'y es retourné à la tombe de ton père ?

— Quelques années.., j'étais encore au collège.

— Tu l'aimais pourtant bien... Et aujourd'hui encore, chaque fois que tu parles de ce vieux général, mort pendant la guerre, dans le camp retranché qu'il commandait, c'est avec un respect, avec un enthousiasme qui font peu excusables, ces années d'oubli, d'indifférence de ta part.

Le jeune homme, les yeux baissés sur la route, ne répondit mot.

La conversation tomba. Les deux amants bercés par le roulement de la voiture, le trot des chevaux le cliclictis des grelots, écrasés par l'atmosphère atrocement lourde de cette journée de septembre, le cerveau endolori par les odeurs persistantes de pins et de genêts, se laissaient glisser à une paresseuse prostration, les yeux clos, brûlés par la poussière et les clartés aveuglantes de la grand' route. Ils roulaient ainsi depuis plus d'une heure quand un cri les fit sursauter.

C'était une demi-douzaine de marmots déguenillés et braillards, courant, se bousculant autour de la voiture, implorant une aumône.

L'un d'eux, lança un pauvre petit bouquet de fleurs des champs, — coquelicots, bluets et pâquerettes, — qui vint tomber sur les genoux de Suzanne.

Jean répondit à l'hommage par une poignée de sous, qui firent éclater une bagarre, parmi la marmaille aux abois précipitée dans la poussière.

On arrivait aux premières maisons du village.

On traversa la place de la mairie, puis celle de l'Eglise, et quelques pas plus loin, au bout d'une ruelle débouchant en pleine campagne, la voiture s'arrêta.

Au seuil d'une auberge, cinq ou six paysans dévisageaient, curieux, les deux jeunes gens.

Un gros sourire de malice plissa leurs lèvres, à la vue de Suzanne. L'un d'eux cligna de l'œil aux autres, en gars qui s'y connaît.

— Attends-moi ici, quelques minutes, dit Jean à sa compagne, en sautant à terre.

Et, sans plus d'explications il se dirigea vers l'Eglise et disparut au tournant.

Le cocher, après avoir attaché une musette d'avoine à la bouche de ses chevaux, était entré dans l'auberge.

Restée seule dans la voiture, à l'ombre d'une bâtisse, Suzanne, inquiète, intriguée, ne croyant qu'à demi le prétexte que son amant lui avait fourni de cette excursion, lutta quelques instants contre sa curiosité, s'efforça de patienter. Mais au bout d'un quart d'heure, ne voyant revenir personne, elle mit à son tour pied à terre et marcha sur les traces de Jean.

Derrière l'église, elle ne vit d'abord qu'une porte grande ouverte, dans une muraille d'enceinte très basse...

C'était le cimetière, un de ces petits cimetières de campagne, aux allées étroites, proprettes, ombragées... aux massifs de verdure emplis de gazouillis, aux tombes très humbles, émaillées de fleurs.

Elle s'arrêta hésitante, promena autour d'elle un regard anxieux...

Soudain elle tressaillit. Là-bas, près d'un massif, agenouillé à terre, elle apercevait son amant.

A pas feutrés, elle s'avança vers lui, se dissimulant derrière les cyprès.

Elle parvint ainsi auprès du feuillage.

Le jeune homme, toujours agenouillé, grattait à l'aide d'un canif, la mousse recouvrant une pierre tombale.

Suzanne tendit le cou et put y déchiffrer le nom de famille de son ami. Elle comprit. Par un sentiment de honte intime, en l'appréhension inavouée de retrouver ce tombeau dans cet état d'abandon, Jean n'avait point osé lui confier le but de cette promenade en voiture..., de ce pèlerinage.

Noircie, rongée par la pluie, brûlée par le soleil, la tombe dénudée du vieux soldat, jetait dans le printemps épanoui de ce cimetière paisible, fleuri et parfumé comme un jardin, la navrance d'un coin d'hiver rebelle aux splendeurs du Renouveau. Un grillon qui stridait dans l'herbe, se tût, comme pour mieux voir.

Suzanne, alors, par un mouvement spontané, délicieux de lutine attention, arracha de sa ceinture le pauvre petit bouquet de fleurs des champs, tombé tout à l'heure dans la voiture, et sourieuse, dressée sur la pointe de ses bottines, le lança par-dessus la tête de son amant,

Coquelicots, bluets et pâquerettes s'abattirent, s'éparpillèrent sur la dalle funèbre, tel un vol de jolis oiseaux.,.

Stupéfait, Jean se redressa.

Suzanne était à ses côtés, silencieuse, apeurée,

avec sur les lèvres la douceur d'un sourire qui demandait pardon.

Les deux jeunes gens se prirent la main, leurs yeux se fixèrent, mouillés d'une exquise émotion... Lui, se sentait le cœur gonflé d'une infinie gratitude, la gorge étreinte.., près de pleurer.

— Jean, murmura la jeune femme en s'agenouillant sur le rebord du tombeau, et en entraînant son ami, par la main, Jean.., si on *Lui* demandait pardon ?..

. . . .

Dans l'herbe, sous leurs pieds, le grillon se reprit à strider... habitué chaque jour à scander les prières.

Nini-la-Poivrade

A Lucien Descaves.

— Allons, La Bastide.., debout !
— ..!
— Vas-tu te cabrer du bas-flanc, nom d'un chien ? C'est ton tour de garde.

Le brigadier de pose, demi réveillé, s'avança avec un bruit de ferraille et de bottes jusqu'au milieu de la salle du poste, où un poêle rouge jusqu'au tuyau, bourré jusqu'à la gueule, ronflait, monotone, ensanglantant le carreau d'un reflet circulaire.

A la seconde injonction, une masse grogna, se redressa sur le vaste lit de camp où sommeillaient côte à côte, roulées dans leurs manteaux, une douzaine d'autres masses,

— ...Sale métier !.. A quand la classe, *Diou bibant*!!.. Soliloquant ainsi, le canonnier La Bastide s'était remis sur pattes, exaspérant, à plaisir, le choc de ses talons sur le sol et le trainaillement de son sabre, avec le dépit hargneux du troupier réveillé en sursaut parmi le sommeil des autres.

Le brigadier avait rajusté son shako et sa jugulaire, et, dans un bâillement, il rétorqua par habitude :

— Pas tant de boniments, ou j'te fouts deux jours !

Par habitude aussi, le canonnier La Bastide conclut, avec un mot gras, — mais historique.

D'un geste las, les deux hommes tirèrent leur sabre du fourreau et sortirent du poste par la porte demeurée entrebâillée.

En quelques pas, ils avaient franchi la grille du quartier et se trouvaient nez-à-nez avec le factionnaire, qui se livrait au va-et-vient réglementaire en frappant le sol de sa semelle, et se croisant les bras, les mains au chaud, sous les aisselles.

Après l'échange du mot d'ordre, bredouillé entre les deux soldats, La Bastide prit sa faction. Il regarda s'enfoncer dans la nuit, regagnant le poste, à pas hâtifs, engoncées dans leurs manteaux au collet relevé, les ombres du brigadier et de son camarade.

Le froid vif, la bise de décembre l'avaient complètement réveillé. En moins de cinq minutes, des frissons le secouaient des pieds à la tête. Les épaules haussées, les bras repliés sous la pèlerine, tenant son sabre collé sur sa poitrine, en manche à balai de guignol, il promena un regard autour de lui, n'aperçut, à vingt pas, dans la brume, que le clignotement du réverbère, au faîte de la grille du quartier, et tranquille, s'emboîta dans la guérite, avec le fallacieux espoir de moins geler.

Il demeura ainsi, quelques minutes, pétrifié, le cerveau vide. Puis des mots, des bribes de phrases, rabâchées, remâchées depuis trente mois, claquèrent entre ses dents, fuirent de ses lèvres crevassées par l'hiver, dans la buée courte de son haleine.

Sale métier !.. Ah ! la classe ! la classe ! Encore 174 jours.

Il se lassa de parler, s'essaya à penser.., à penser loin, plus loin qu'il n'avait jamais pensé.., au-delà de ce 174ᵉ jour qui marquait une telle étape dans sa vie.

Que ferait-il, que deviendrait-il au sortir du régiment ? A cette pensée, un point d'interrogation accrocha devant ses yeux, parmi l'ombre de la guérite, son énorme arabesque.

Froidement—l'heure s'y prêtait,— il se consulta, se reprit, — ainsi qu'il l'entendait dire à son capitaine, — à « examiner la situation », — Né cultivateur, ayant vécu en cultivateur jusqu'au départ de sa classe, la perspective de retourner à la charrue n'était plus faite pour lui sourire. Il avait beau fouiller et retourner son cœur, le souvenir des vieux trimant là-bas, au fin fond des Landes, pour gagner une maigre pitance, ne suffisait plus pour exalter cet amour du foyer et du lopin de terre, qu'il n'avait pourtant su quitter sans quelques larmes dans le fichu râpé de sa mère.

Une autre évocation le troublait davantage : un profil de candeur et de naïveté douce, une chair blanche et jeune,.. des yeux et un sourire attristés d'un reproche douloureusement muet, — le visage de Marceline, sa promise qui, — elle aussi, — en sa foi silencieuse et résignée, comptait les jours, là-bas...

Oui, depuis trente mois qu'il portait les basanes et le bancal de canonnier-conducteur, ses idées avaient bigrement changé de face.

Les conversations de chambrée, les soirs qu'on se vautre sur les lits en attendant que « l'appel elle ait sonné, » les histoires, les bonnes blagues gouaillées par quelque Parigot de faubourg, avaient eu, malgré tout, leur funeste influence sur son âme de simple, incitant en elle, d'abord comme une honte de sa naïveté rustaude, puis une rébellion tacite contre sa destinée d'ilote de la glèbe, enfin le désir, l'intention de se dégourdir un brin, de prendre en main un métier quelconque, un de ces bons métiers vous rapportant de cent sous à huit francs par jour, de devenir ouvrier « ouverrier, » avec, chaque soir, tous les plaisirs, toutes les bamboches de la grand'ville.

Ça, c'était la vie, la vraie vie, parbleu. La vie des champs, la charrue, les récoltes, c'était bon pour les vieux... D'ailleurs, il les aiderait les vieux aurait l'orgueil de leur envoyer de temps en temps quelques bribes de son pécule... pas des folies, évidemment : on vit avec si peu, à la campagne !.. Quant à Marceline... Bast! on verrait... Allait-il s'attendrir par avance, comme un bénêt ?

Un bruit de pas se rapprochant le fit bondir hors de sa songerie. Il sursauta, se sentit tout ankylosé... Avec effort, il débonda de sa guérite, assura son sabre à la position du *reposez*, laissa couler son bras gauche le long du corps et, au pas accéléré, marcha le long du mur de la caserne, vers le point d'où arrivait le bruit.

Ses yeux, faits à la nuit, virent alors une forme qui s'approchait. Il voulut gueuler un : Qui vive? Les deux mots se heurtèrent à ses dents contractées par le froid, ne sortirent que comme un bégaiement.

Une voix, une voix de femme lui répondit implorante :

— Chut ! c'est moi... Nini... n'bouge pas, j'te vas causer.

La Bastide stoppa. Cette voix, ce nom, il les connaissait comme les connaissait d'ailleurs tout le régiment.

Nini, surnommée la Poivrade, il ne savait trop pourquoi, d'ailleurs... Si, pourtant... il se rappelait certaines histoires aussi invraisemblables que graveleuses, transmises, chaque année par les anciens aux *bleus*... La Poivrade... oui, en effet, elle en avait *poivré* pas mal, disait-on, et ses faveurs dont le prix variait d'une gamelle de soupe — pour les soldats, — à vingt-deux sous, pour les gradés avaient valu à d'aucuns quelques minutes de bonheur et deux mois d'hôpital.

— Ah ! la garce, marmonna La Bastide, que me veut-elle à c't'heure ?

Au reflet blafard d'un bec de gaz juché sur la muraille d'enceinte, la fille et le soldat s'aperçurent et, avant de parler, demeurèrent plusieurs secondes à se dévisager.

Elle, pouvait avoir une trentaine d'années. Un châle de laine rouge enroulé autour de son visage, retombait en deux pointes sur un corsage clair, étriqué, crevé aux entournures. Une jupe trop longue, de couleur indéfinissable, balayait, de ses volants en loques, la neige détrempée, la fange du sentier. Son nez, ses joues étaient violacés par le froid, ses mains s'enroulaient, lamentables dans les coins du châle ; elle marchait un peu voûtée, recroquevillée, grelottante.

Ses yeux, pourtant, demeuraient beaux, malgré la flétrissure des paupières, et son sourire atténuait d'une étrange douceur, l'égarement, l'opprobre de cette physionomie flétrie de vice et de misère.

— Tiens, j'te connais pas, toi, fit-elle d'une voix

rauque, brûlée par l'alcool... De quelle batterie que t'es donc ?

— De la quatrième, cap'taine Calixte, fit La Bastide... et plus rude :

— Qu'é qu'tu fouts donc par ici ?

— Tu l'vois, essaya de goguenarder la fille, j'me ballade.

Cette réponse parut stupéfier l'artilleur qui, au bout d'une seconde, opina en rigolant :

— Ben, ma vieille, t'en as du culot !

Elle rigola, elle aussi, pour faire plaisir à l'homme.

Puis, sérieuse, elle reprit :

— Dis donc, quel est le sous-off' de garde ?

— Pivard, de la *douzième*.

— Un sale bougre, pas ?.. un rengagé.

— Tu n'les piges donc pas les rengagés, poursuivit La Bastide, que cette appréciation amadouait.

Ça dépend desquels... Ainsi v'là deux ans, j'en ai connu un...

— Ah ! oui, c'lui qu'en deux mois, tu fis casser, puis expédier à *Biribi*... Ben, ma gonzesse, ça ne traîne point avec toi...

— Tout ça, c'est des blagues, protesta la fille, c'est des menteurs, des jaloux qui ont fait des potins sur mon compte, qui m'ont fait traquer par la police, perdre mon ami, tomber dans la misère où tu me vois... Ah ! les chameaux !

Sur ce blasphème, elle tira du fichu un poing qu'elle proféra dans la nuit, haineuse.

Le soldat n'eut point envie de rire de cette colère impuissante de grelotteuse.

Quelque chose comme une pitié montait de lui vers la misérable, en qui il ne voyait plus qu'une victime de la méchanceté, de la crapulerie de ceux qu'il devinait.

— T'as donc été femme de sous-off'?.. répéta-t-il.

— Oui, et me v'là devenue paillasse à soldats, rôdant la nuit comme une pauv' chienne galeuse, autour de cette caserne, de tous ces hommes dont les uns m'on fichue, à coup de bottes, dans l'égoût et dont les autres ne me refusent point parfois leur fond de gamelle.

Ce dernier mot suggéra au soldat :

— T'as p't'être faim ?

— Pas tant que froid...

— Bon sang de bon Dieu! gronda La Bastide, comment faire ?..

Si tu pouvais attendre la fin de ma faction, j'te ferais bien passer, alors, les restes du dîner du sous-off', pendant que les autres roupillent.

— T'es bon gars, toi! s'exclama la femme avec un élan de gratitude, et pressant, par instinct, la misère de ses haillons contre le vaste et épais manteau de l'artilleur.

En causant, ils s'étaient rapprochés de la guérite.

Deux heures sonnèrent à l'horloge du quartier.

— Encore soixante minutes à faire le Jacques, constata La Bastide, d'un ton que faisait moins amer la comparaison tacite de son propre sort avec celui de cette bougresse.

— Tiens, lui dit-il en montrant la guérite, embusque-toi là-dedans, tu te blottiras dans le fond. Moi, je vais rester debout, masquant l'ouverture avec mon dos... Ça te sera moins dur pour patienter et nous pourrons causer encore un brin.

Il prononça tout cela, presque attendri, en une inconscience de maltraité qui se voit secourant un plus maltraité que soi.

Toutes ses tristesses, ses nostalgies et ses dégoûts de troupier s'étaient ainsi fondus sous cette flamme de miséricorde qui lui faisait mépriser la consigne, braver la discipline, pour tendre sa main de pauvre à cette pauvresse.

Tandis que, muette, elle s'installait selon son conseil, au fond de la guérite, il étouffa une exclamation joyeuse, et tirant une main de la poche de son pantalon, il lui décela à voix basse, à mots rapides :

— C'te veine, j'avais oublié dans ma *profonde* cette moitié de biscuit... Tiens, attrape toujours ça, la p'tiote, ça te réchauffera les mandibules...

La fille saisit et, vorace, mordit dans la pâte dure comme un granit.

— Cela d'abord, fit alors le soldat, heureux de

faire cette heureuse et, en mystère, il ajouta, tendant de nouveau sa bonne main de peuple, cette fois avec un bruit de sous :

— Et ceci ensuite... C'est pas grand'chose : mes huit ronds de prêt de ce matin, et dix autres qui me restaient...

Au bruit du billon, Nini-la-Poivrade, par routine, par métier, s'était dressée.

Mais la voix du soldat avait arrêté son geste... Un morceau de biscuit, un fond de gamelle, soit, cela pouvait se donner, par pitié.., pour rien.., Mais de l'argent, offert ainsi par ce brave garçon, guère plus riche qu'elle, évidemment, et subissant une misère aussi stupide que la sienne était injuste... non, elle ne comprenait plus..,

— Hé! prends donc! répéta La Bastide, amicalement bourru...

Et pour étouffer ses scrupules de femelle qui préfère se vendre que de mendier :

— Prends, te dis-je.., tu me revaudras ça.

Maintenant Nini-la-Poivrade comprenait.

Il ne lui restait qu'à prendre cet argent et à donner ce dont il était le prix.

Pour la première fois, peut-être, de sa vie de prostituée, quelque chose d'étrange, de stupéfiant, lui paralysait les membres.

Le premier mouvement de ce troupier, de ce rustre grelottant comme elle dans cette nuit crapuleuse, lui réapparaissait en toute la grandeur de sa spontanéité. Evidemment, ce simple était demeuré simple et bon parmi la promiscuité de la caserne, et la seconde partie de son offre n'était que la redite bestiale d'un sous-entendu obscène, appris autour de soi...

Décisive, elle répondit :

— Non, garde ça, je n'en veux point !

Abasourdi de ce refus, le canonnier La Bastide rapprocha son visage de celui de la fille.

Il se sentit arrêté par deux mains accrochées à ses épaules et le tenant à distance :

— Non, je n'en veux point, parce que je ne pourrais, parce que je ne voudrais pas te le voler...

— Puisque je te le donne... objecta La Bastide.

— A condition que je te le rende autrement, je sais les tarifs, va...

Eh bien ! non, je ne prendrai rien, et tu n'auras rien...

Tout à l'heure, tu as eu pitié de moi.., c'est moi maintenant, qui t'épargne...

Oh ! je vois bien que tu n'es pas d'ici toi, que bientôt tu repartiras dans quelque joli coin de campagne, retrouver ta promise, épouser ta fiancée...

Comprends donc, grosse bête : c'est pour elle, c'est pour toi que, cette nuit, Nini-la-Poivrade, la *Poivrade* tu sais, la goule empoisonneuse des adjudants, des sous-off's, des brigadiers, des gardes d'écurie, de toute la clique enfin, se refuse, pour la première fois, à un pauvre petit troupier de ta trempe...

... Allons, adieu, mon gars.., adieu et merci.

Saisissant à deux mains la grosse tête ronde du campagnard muet de surprise et terrifié, la fille y plaqua deux bons baisers chauds et retentissants comme ceux des rustaudes, et, d'un bond, ses loques clapotantes sur ses pieds, retourna à sa ténèbre de misère et de boue.

A trois heures, quand le brigadier de pose, accompagné d'un homme, vint le relever de sa faction, le canonnier La Bastide oublia de crier : *Qui vive !* et se laissa surprendre, s'essuyant les yeux d'un revers de manche et songeant au coin perdu, là-bas, où les vieux trimaient en espérant son retour, avec, entre eux, le sourire fidèle et résigné de la jolie Marceline.

Et rentré au poste, parmi la soldatesque puant le cuir, la crasse et la sueur et vautrée sur le lit de planches, comme le brigadier lui « collait deux jours pour distraction dans le service, » la Bastide égrena un rire de bravade, faussement gouailleur, le rire stupide et hypocrite de l'homme qui, devant les autres, veut faire le malin en blaguant tout haut, ce dont, secrètement, son cœur saigne encore,.. puis il commença de raconter aux copains éveillés :

— C'que j'ai rigolé tout à l'heure, mes colons! figurez-vous qu'une gonzesse soûle...

Ç'avait été tellement rigolo, en effet, que le brigadier de pose s'esclaffa en se claquant les cuisses, et oublia de porter la punition infligée à ce veinard de La Bastide.

La Libellule

Marcelle était seule dans le jardin. Autour d'elle et tout en elle, le Printemps clamait radieux ses primes allégresses.

Le soleil monté bien haut, vers le Zénith, illuminait de gloire blonde l'éveil intimidé des choses et du Rêve.

Une feuillaison sourde crevant les écorces, égayait, mouchetait de points d'émeraude, la noirceur hiémale des branches encore frileuses.

En une inconscience de délice, Marcelle sentait son âme de fillette tressaillir d'un émoi de langueurs, d'une anxiété de désirs imprécis. Sous sa frôlée de caresse charmeuse, le Printemps la prenait toute, insidieux, alliciant, griseur de délirances vagues, de parfums essorés, de fraîcheurs incitantes, de gazouillis éperdument joyeux.

A pas lents, la jeune fille avait atteint un ruisseau dont, là-bas, au fond du jardin, entre deux tentures de feuillage, l'eau très claire, irisée par endroits, plissée comme pour des risettes, coulait et chantonnait monotone sur un fond de cailloux et de sable tout blancs.

Sur la rive opposée, assis à terre, contre un arbre, un livre à la main, un jeune homme lisait.

— Jean ! fit Marcelle surprise, en un mouvement de recul.

— Ma cousine ! répondit le jeune homme, levant les yeux.

Et après un silence gêné :

— Vous lisiez ? interrogea-t-elle.

— Je rêvais, répondit-il.

Elle conclut, dans un joli rire perlé de gamine moqueuse :

— C'est le Printemps qui vous inspire,... ce n'est que lui.

Il repartit, comme s'il eût mal entendu :

— Evidemment, ce n'est que vous.

Marcelle ne rit plus et, rougissante, baissa les yeux. A son tour, le jeune homme risqua un sourire, puis d'une voix très lente, très douce, murmura :

— Dans votre robe blanche, avec vos cheveux d'or pâli, vos yeux de ciel, votre visage et vos mains candides comme des lys qui, d'avoir frôlé des roses en auraient ravi tant soit peu des roseurs, là, auprès de ce bouquet de verdure, au bord de ce ruisseau, savez-vous, ma cousine, que vous m'apparaissez telle qu'une fée mignonne, telle qu'un Lotus de Renouveau ?

Lors, la fillette apeurée :

— Si l'on nous voyait, si l'on vous entendait, mon cousin !...

— Mes paroles ne sauraient éveiller qu'un écho d'admirative extase, cousinette.

— Taisez-vous, ou je m'en vais.

— Je me tairai,... mais vous viendrez jusqu'ici, plus près de moi...

— Franchir ce ruisseau ?

— Vous le franchirez. à moins que vous ne soyez la plus poltronne ou...

— Ou ?...

— ... la plus méchante des cousines.

— Poltronne, moi !

— Ni méchante, sans doute. Prouvez-le...

— Qu'à cela ne tienne, Monsieur mon cousin!

Légère, gracieuse, en un geste arrondi de marquise prête à la révérence, la jeune fille, de chaque main, pinça, du bout des doigts, les côtés de sa jupe qu'elle releva, pudiquement provocante, jusqu'à la cheville, et tendit un pied au-dessus du ruisseau.

— Là, ma cousine, un premier pas sur cette grosse pierre qui émerge,.... un second sur cette autre, un peu plus loin,... surveillez l'équilibre!... bravo ! vous semblez une naïade ainsi. Attention au troisième pas,... vous voilà au milieu du courant,... hop !... hop !... ça y est ! Il ne vous reste qu'à poser le pied sur la rive et à saisir la branche de salut que vous tend mon bras,... une,... deux,.. et trois... vous y voilà...

— Et maintenant, cousinette...

— Maintenant, mon cousin, que la preuve vous est accordée que je ne suis ni poltronne, ni méchante, je m'en retourne par le même chemin.

— Seriez-vous pire que méchante, Marcelle ?...

Et la voix caressante, persuasive de douce supplication :

Amie, ne partez pas... du moins avant que je ne vous ai cueilli et offert cette humble fleurette, là, perdue dans l'herbe.

Ce me sera, tout à l'heure, une pauvre petite consolation de penser que vous avez emporté quelque chose de moi, quelque chose de visible, de palpable,... autre chose que mon cœur.

— Vous vous moquez, cousin,... pourtant, j'accède à votre caprice.

Le jeune homme cueillit alors une pâquerette, la tendit à Marcelle, et tel Léandre à Héro :

— Fleur de rêve, soupira-t-il, je t'offre cette fleur des champs, et toute mon âme avec elle.

La jeune fille prit la fleur, heureuse et flattée, mais s'efforçant à n'en rien laisser paraître.

Et soudain, un doigt tendu vers le ruisseau :

— Oh ! cette libellule, là, tout près, voletant sur l'eau !...

A ces mots, Jean s'est élancé, courant après l'insecte, qui s'enfuit à son approche.

Il s'acharne à sa poursuite, s'écorche les mains à un buisson, plonge malencontreusement ses deux pieds dans la vase, et après un long instant de chasse et de ruses, revient auprès de la jeune fille, essoufflé, pâle de joie, la lèvre superbe d'un sourire de conquête :

— Je l'ai, cousine... je l'ai enfin... la voilà !

Il tient la libellule par l'extrémité de ses longues ailes bleues, roses mordorées, entre deux doigts frémissants. Sa main est striée d'égratignures.

L'insecte se débat et une gouttelette de sang rose tombe sur son corps de papillon, long et fluet, le stellant d'un rubis.

— Oh ! merci, fait la jeune fille, sans remarquer les blessures, merci cousin, donnez-la moi.

Elle veut prendre la libellule. Les doigts du jeune homme desserrent leur pincée, Marcelle frissonne au contact de la bestiole qui, alors, rouvre toutes grandes ses ailes bleues, roses, mordorées, et va s'abattre affolée dans les cheveux de la fillette, juste derrière le cou, dans le fouillis blond et parfumé des frisettes folles...

— Jean !.. Jean !... j'ai peur, s'écrie-t-elle toute pâle.., Retirez-moi cette bête, vite, vite !...

Jean s'empresse, tend une main incertaine vers l'insecte qui, lutin, lui échappe encore.

— Maladroit !... gronde Marcelle énervée, près de pleurer.

Enfin la libellule s'enfuit...

La jeune fille, un peu rageuse, marche droit au ruisseau. Mais au moment de le franchir, prise d'une soudaine pitié, elle se retourne vers le pauvre garçon rudoyé qui, immobile à la même place, muet, les yeux très tristes, la regarde partir.

— A quoi rêvez-vous encore, cousin ? lui jette-t-elle dans un petit rire nargueur.

Lui, enveloppe alors d'un long doux regard de caresse, l'azur de ces beaux yeux, l'or pâli de ces boucles, les lys et les roses de cette chair de fillette rieuse, coquette, féline, — déjà femme, — mais si jolie... comme s'il en voulait garder une suprême vision d'Eden.

— A quoi rêvez-vous encore ? répète-t-elle.
Il pense :
— A ta beauté,... à mon amour...
Et tout bas, dans un sourire navré, les yeux brillants, il balbutie :
— Au Ciel,... cousinette.

Le Véglione

Au cher et bon Maître François Coppée.

Pour la seconde fois, Paul Marzens revoyait Nice, en plein carnaval. Trois ans auparavant, il y était venu gaspiller aimablement quelques semaines d'élegante oisiveté, sur les instances de son frère aîné Laurent qui, depuis un mois déjà, s'y trouvait avec sa jeune femme.

Aujourd'hui, son propre voyage de noces l'avait ramené à cette classique « Côte d'azur », dans ce confin de France qui, à cette époque de l'année, mériterait le surnom de petit Paris, si celui de Rastaqouéropolis, mieux encore ne lui seyait.

Sans enthousiasme, il venait de subir les deux premières journée de fêtes, le Corso carnavalesque et la bataille de confetti. Il se rappelait, pourtant, avoir été un véritable boute-en-train de gaîtés, d'enfantillages, la première fois qu'il avait assisté à ces mêmes réjouissances, en la compagnie de son frère et de sa belle-sœur.

Maintenant, quoique aux premiers jours de sa

lune de miel, de son mariage avec une jeune fille suffisamment aimée et tendrement aimante, assez riche pour lui assurer une existence de luxe et d'indépendance, un énervement, une amertume qu'il ne savait se définir, l'arrêtaient au bord d'un trottoir, le faisaient accouder, navré, à un balcon, devant la débandade tintamarresque des masques et des fanfares, au-dessus des batailles à coups de boules de plâtre entre hommes et femmes uniformément engaînés, par dessus leurs vêtements, d'un long cache-poussière de toile bise, la tête encapuchonnée, le visage embusqué dans une muselière métallique,... et portant, pendue en sautoir, une besace bourrée de projectiles.

Il se sentait étouffé par cette atmosphère blanche, lourde des relents de fleurs écrasées, encanaillée de l'allégresse bête, populacière d'une cohorte d'énergumènes à faciès grotesques ou monstrueux, vibrante d'éclats de cuivres et d'exclamations en toutes langues, chauffée à blanc par un soleil de Mars, traître et fantasque, tombant en averses sur la ville et en milliards de paillettes scintillantes sur la nappe glauque du golfe.

Cette promiscuité de la rue en liesse qu'il avait jadis trouvée très drôle, très bon enfant, lui répugnait aujourd'hui, soulevait en soi un dégoût, une révolte dont il souffrait silencieusement.

Ces élégants, ces snobs, ces étrangers riches et désœuvrés à grignoter du foin, se confondant, de gaîté de cœur, à la foule des perruquiers, des mitrons et des voyous locaux et circumvoisins, les provoquant, ripostant à leurs attaques, se vautrant bras ouverts, dans leur lourde farce rigolarde, sur l'édredon de plâtre pulvérisé ouatant le pavé,... ces femmes du monde, maintenant, à tout le monde, riant, criant sous les chatouilles et les pincées de gros doigts équivoques, maraudeurs de tailles et caresseurs de porte-monnaie, ces copurchics et ces marmiteux, ces pierrots lamentables, ces mousquetaires frais émoulus des éventaires de fripiers, ces Colombines en bas rouges, sanglants évocateurs d'époques disparues, toute cette Parade en calicot, tout ce Corso à la chienlit, il considérait tout cela, l'âme bouleversée, tanguante, de la pitié à la rancœur, contraint hélas! lui aussi, à sourire, à crisper sa mimique, sa grimace de mensonge, parmi tant de mensonges, tant de grimaçantes joies,.,. et cela, par un sentiment d'intime mansuétude, de délicatesse généreuse pour la surprise, le puéril amusement de cette âme simple de jeune femme grisée dès ses premiers pas dans le monde, de cette âme, compagne de son âme — et si lointainement différente! — sur l'ingénuité, la futile expansion de qui il ne se sentait pas l'égoïsme, — tant humain pourtant, — de laisser déteindre déjà, même un peu de son fiel.

La bataille des fleurs, sur la Promenade des Anglais, malgré sa note plus fraîche, moins outrancière et son public moins quelconque, ne réussit guère mieux à le dérider.

De sa place de tribune, il écouta la voix renseignée d'un ami complaisant déballant le d'Hozier national, exotique et fantaisiste de ce genre de manifestations, et la noblesse batracienne elle-même qui avait son tour, au passage de fanfrelucheuses demoiselles aussi plâtrées que les confetti niçois.

Pendant une heure, il regarda défiler, pressés à la suite les uns des autres, fleuris jusqu'aux roues, cabs, coupés, landaus, victorias, breaks, calèches, dog-cart, governees-cart, mail-coatch, bicyclettes et automobiles, jusqu'à des prolonges empruntées au train des équipages, transformées en chars, et dont l'une était surchargée de bouquets, d'officiers alpins et de jeunes dames, symétriquement vêtues d'un corsage et d'une jupe bleu-foncé à collets et parements jaunes et coiffées du large béret d'ordonnance.

L'aparté d'un malotru, dans la foule, se demandant tout haut quel pouvait être le féminin de « chasseur alpin », fit à peine sourire Paul Marzens, dont la physionomie n'exprima une satisfaction réelle que, lorsque sa jeune femme, s'avouant lasse, lui demanda à regagner l'hôtel.

Une surprise l'y guettait.

La première personne qu'il rencontra en pénétrant dans le salon d'attente, fut son frère Laurent arrivé à l'improviste par le dernier express de Paris.

Sans un sourire, sans une parole, les deux hommes se jetèrent dans les bras l'un de l'autre.

Après une longue étreinte :

— Mon bon Paul !... tu ne comptais certes point me voir ici.

Paul Marzens éleva toute la tristesse muette, toute la stupéfaction de son regard sur son aîné.

Ce dernier poursuivit :

— Non, tu ne supposais point que, dix mois après la mort de ma bien-aimée Gilberte, j'aurais le douloureux caprice de revenir dans cette ville de plaisirs, témoin de mon bonheur à jamais perdu !

Ce deuil a saccagé ma vie, vois-tu Paul, ma vie qui n'est plus qu'une sombre ornière de regrets et de désespoirs, une ornière, dans laquelle, chaque jour, je m'enlise un peu plus, le cerveau atrophié, le cœur saignant goutte à goutte,... mes énergies brisées, mes nerfs, mes muscles, mon intelligence détraqués,... sans assez de force pour réagir, sans assez de larmes pour pleurer toute ma peine.

Et tu me vois égaré, désemparé, pauvre être d'abandon qui voudrait tout oublier et, — comme un enfant qui souffre et déchire le bandage pour mieux voir son mal, — revit avidement le bonheur en allé, se repaît de son souvenir et pleure,... et pleure jusqu'à trouver en ses sanglots une atroce douceur, un déchirant écho des chers baisers défunts.

Paul, mon bon Paul, pardonne-moi d'être venu jusqu'ici t'infliger ce spectacle de mon infortune et en assombrir ta sérénité.

Mais je te savais si bon, que je n'ai pu résister à accourir vers toi, pour chercher la réalisation d'un désir subit, d'un désir insensé, maladif, impérieux que, seul, tu peux comprendre et qui, avec beaucoup de ta pitié, me vaudra un peu de ton secours.

Il y a trois ans, tu t'en souviens, je fis passer l'hiver ici à cette pauvre petite frileuse dont la santé, de plus en plus fragile, n'aurait point résisté aux brumes, aux frimas de Paris.

A plusieurs reprises, je dus la quitter, la confier aux soins d'une famille amie, pour regagner mon poste d'ingénieur, dans la Capitale. Tu vins nous rejoindre à l'époque des fêtes et, je dois te l'avouer, Paul, les trois semaines que dura ta présence entre nous, furent un des plus beaux, — des plus courts, hélas! — temps de ma vie.

Ta gaîté, ton humeur si spirituellement frondeuse, ta franche et précieuse amitié, eurent, en quelques jours, transfiguré ma malade. Elle était redevenue, à ton contact, rieuse, enjouée comme jadis; elle voulait être de toutes les fêtes, ripostait vaillamment à tes agaceries, à tes affectueux sarcasmes et cela, jusqu'à en oublier son mal.

Nous n'entendions plus cette petite toux sèche, rauque qui déchirait sa poitrine et répercutait en nous des épouvantes de glas.

Quel gai compagnon tu nous fus, mon cher Paul, et combien de fois avons-nous béni ton rire, cette miraculeuse panacée !

« Non, vous n'êtes pas les deux frères, me disait souvent Gilberte, en nous comparant l'un à l'autre. »

Pauvre chère âme ! je ne sus pas être aussi folâtre qu'elle l'eût désiré. Comme elle avait raison de m'appeler, avec sa moue adorable :

« Vilain homme de science, qui ne sait par rire ! »

C'est vrai, je ne sus jamais que sourire et mon sourire, j'ignore pourquoi, fut toujours un peu triste.

Aussi, fut-ce le doux, le salutaire, le divin éclat de rire que tu nous prodiguas, tendre ami !

A cette époque, je dus m'absenter encore quelques jours et tu voulus bien demeurer ici et accompagner dans leurs promenades, ma femme et les amis chez qui elle habitait. Avant mon retour, le lendemain d'un véglione à l'Opéra, sans rime ni raison, tu disparaissais.

Un peu fâchés, nous imputâmes cette lubie à ton caractère si fantasque...

Et je ne te revis que dix-huit mois plus tard, derrière le cercueil de ma Gilberte.

Laurent Marzens se tut, une longue minute. Assis à son côté, toujours silencieux, son frère baissait la tête.

Soudain, l'aîné reprit, se dressant et la voix exaltée, le regard aigu :

— Paul, tu conduiras ce soir ta jeune femme au véglione qui est annoncé à l'Opéra de Nice,.. Je veux t'y suivre,... Oui, n'est-ce pas, Paul?.. Quelques instants seulement,... Quelques instants, durant lesquels, je reverrai, je revivrai.., puis, ce sera tout, je vous quitterai, je vous débarrasserai de mon deuil,... et vous m'oublierez et je serai plus fort, je t'assure, mon bon Paul, je serai plus fort et plus grand pour m'acheminer à nouveau, à jamais, le long de ma solitude et de ma souffrance.

— Nous ferons ce que tu voudras, Laurent, répondit Paul en tendant ses deux mains à son frère.

Allons retrouver ma femme qui doit ignorer encore ta présence. Sera-t-elle assez heureuse de te revoir!

Après le dîner, remonté seul dans sa chambre, tandis que son frère et sa femme, prêts pour la soirée, l'attendaient au salon, Paul Marzens, sans songer d'abord aux soins de sa toilette, s'assit, exténué.

Son visage décontracta le sourire d'affectueux mensonge que, toute la journée, durant le repas surtout, il s'était imposé. Maintenant, las de contrainte, il s'abandonnait, avec une jouissance amère, à cette hypocondrie dont, depuis le matin, il subissait l'obsédante étreinte.

Et ce mal, peu à peu, se précisait en lui, se faisait moins abstrus, accusait impitoyable, cynique, son vrai prétexte.

Parbleu! ces rires, ces mascarades, ces fleurs et ce décor ne lui étaient aujourd'hui réapparus que telle une lugubre redite d'autres fleurs et d'autres circonstances trop inoubliables.

La soudaine arrivée de son frère n'avait fait que compléter et compliquer cet inavouable tourment. Inavouable! oui, hélas! inavouable à tous, à ses êtres les plus chers, inavouable à soi-même.

Ici, seul dans cette chambre, seul avec son souvenir pâle et rampant comme une honte, il revivait en quelques secondes, ces trois semaines de tendresse maudite, de tendresse volée à l'être le plus cher, à l'ami le plus confiant, le plus sûr,... à son frère Laurent!

Il *la* revoyait, cette pauvre petite malade, en sa grâce anémique de fleur éphémère qui ne veut point mourir sans avoir pressuré de la vie tout ce que la vie doit de jouissance et de douceurs à sa beauté de Fugitive.

Il *la* revoyait là, devant lui, cette complice de son crime, de ce crime où l'un et l'autre avaient glissé, en l'inconscience de grands enfants qui, d'avoir trop impunément joué avec le feu, se brûlèrent l'un et l'autre, l'un par l'autre,... tous deux également imprudents, tous deux également coupables.

Lui, était l'« Eclat de rire », — Laurent ne lui rappelait-il pas tout-à-l'heure? — Elle, était la « Tristesse »,... et le caprice abominable de l'Amour se devait complaire à cette antithèse et en faire éclore une harmonie !

Ils ne s'étaient jamais possédés.

Le crime n'avait ensanglanté que leurs âmes.

Lui, avait trouvé le suprême héroïsme de déserter l'Erreur à la minute du baiser qui l'exalte si douce, à l'imminence de l'acte qui l'avilit irrémédiable.

Dans quelques instants, il lui faudrait endurer le nouveau supplice de ce bal, de ce véglione, évocation d'une autre soirée où, en l'absence de son frère, il avait accompagné Gilberte, — tous deux masqués — avec les amis communs qui, pour le monde, se faisaient ses chaperons.

Il lui faudrait revoir cette salle où, dans le vertige éperdu d'une valse, il l'avait étreinte, à la briser, contre lui, sous les éclats et les langueurs des musiques, parmi le tourbillon d'une foule endiablée, tandis que leur passion, silencieusement fébrile, confondait leurs deux âmes, exilées en cette amoureuse solitude, en cette extase où : « d'être toujours seuls, on reste toujours deux. »

Il lui faudrait revoir ce coin, cette embrasure de fenêtre encombrée de hautes plantes vertes où, haletants, moins grisés de quelques coupes de Champagne que du pétillement secret de leurs désirs, ils s'étaient pris les mains et, les loups soulevés, leurs yeux s'étaient violentés près, bien près,..., si près, que, soudain, rageusement, leurs lèvres s'étaient conquises, s'étaient meurtries d'une morsure de furie fauve.

C'est à l'âpre ivresse de ce baiser qu'il s'était arraché, pour se réfugier loin, très loin, en une fuite de maudit,... jusqu'au jour où, apprenant la mort de Gilberte, il avait enfin triomphé de son effroi.

Et voici, qu'il dévoilait à son remords, l'ignominie, la traîtrise dont la vie souille parfois les sentiments les plus simples, les affections les plus pures.

Et, après avoir maudit cette tache, cette félonie dont l'opprobre empoisonnait son cœur, après avoir tout bas, pleuré de rage de ne pouvoir aller s'écraser aux pieds du cher Outragé et y implorer, y mendier un peu de son pardon pour tant de bassesse, un peu de sa miséricorde pour tant de remords, une saute de sa pensée le fit choir en plein égoïsme et une appréhension atroce l'égorgea.

Et lui, maintenant!.. Si un hasard justicier le frappait quelque jour de la peine du talion, le blessait à la même place où, lui-même, si outrageusement, avait blessé son frère!

Si Celle qu'il aimait, que jusqu'à cette seconde, il ne croyait qu'aimer, et qu'il se prenait soudain à chérir, à chérir follement, d'une tendresse insoupçonnée...Celle qui portait son nom, venait comme Gilberte à...!

...et avec son meilleur ami, avec son frère!....

Cette vision l'aveugla de sang. Un frisson lui glaça les mœlles et, atterré, stupide, il sortit de sa chambre et marcha à la fête, comme une bête au massacre. . . . .
. . . .

Assez avant dans la nuit, à l'heure la plus folle, la plus étourdissante du véglione, lorsqu'ils s'arrêtèrent tous trois au buffet et, qu'à l'instant de vider leurs coupes, Laurent, glissé entre les deux époux, leur eut pris à chacun le bras et murmuré, d'une voix dont la navrance irrésignée s'envola dans le tumulte, tel qu'un pauvre oiseau blessé parmi un ébat de pinsons en folie :

— Soyez heureux, chère petite sœur, mon bon Paul, soyez heureux autant que j'ai cru l'être moi-même,... et laissez-moi, du fond du cœur, vous bénir. Peut-être, ma misère vous portera bonheur...,

Paul Marzens, en qui, cette voix bénisseuse, cette voix qui, tant eût dû exécrer, réveillait toute l'horreur d'un passé, toute la menace d'un lendemain, saisit, nerveux, le poignet de sa jeune femme et, sous l'aiguillon d'une jalousie sauvage, en l'épouvante et l'avarice du voleur tremblant d'être à son tour dépouillé, il l'entraîna hors de la fête, loin des fleurs et des joies, des harmonies et des lumières,... il la traîna, avec, comme une hâte farouche de la cacher.

Abécédaire

A l'affectueux poète Maurice d'Auberlieu.

B...a, ba... be... be... bi...

Jane tressaillit, énervée. Cette mélopée d'épellation chantée, incessante, depuis une heure, de l'école voisine, ce *ba, be, bi, bo, bu* chantonné, affreusement monotone, par cinquante voix enfantines, l'exaspérait à la fin.

Elle se leva, se rapprocha des persiennes entre-baillées, brûlantes sous l'incendie de cet après-midi caniculaire. Ses épaules, gentiment mutines, eurent un haussement de dépit. Puis, debout, immobile, les mains retombées, lasses, désespérant de se soustraire à cette hantise bête de monosyllabes nasillards, elle demeura comme pétrifiée, le regard flottant, les lèvres pincées, le cerveau lourd, martelé par chaque éclat de voix :

D...a...da, d...e...de, ... d...i...di...

Peu à peu, une angoisse indicible s'infiltrait en elle, la prenait, la possédait, étreignait sa gorge de jeune femme, une angoisse à la fois douce et dolente, oppressive et caressante, tout emplie de voluptueuse inquiétude, de mélancolie maladive.

Inconsciemment, elle fit quelques pas vers un coquet secrétaire Louis XV, s'assit auprès, en ouvrit un tiroir.

Lasse ou hésitante, sa main retomba sur ses genoux.

Elle écouta..., parut renoncer à sa première idée.

Des fenêtres de l'école, grandes ouvertes sur la cour aveuglante de soleil, le chant de la leçon anonnait toujours :

F...a...fa, f...i...fi, f...o...fo.

Les yeux fixés sur les persiennes, Jane releva la main vers le tiroir et, au hasard, en sortit un papier.

Elle le regarda. C'était une lettre, pliée en quatre, aux coins jaunis.

Lentement, à gestes d'automate, elle rapprocha la feuille de son visage, la respira, la frôla des lèvres puis la déplia. Un parfum, très doux, d'une douceur agonisante, s'essora autour d'elle, et tout de suite, un long soupir exhalé de sa poitrine emporta cet effluve fugitif comme le reflet d'un Rêve.

Cinq ans déjà ! cinq ans que cette lettre, que ce premier billet d'amour lui avait été écrit... Cinq ns ! que de bonheur, que d'illusions, alors !

Que de mensonges, que d'amertumes, depuis !

J...a...ja, j...e.. je.

Oh ! cette obsession !

Et pourtant ces lignes griffonnées sur ce papier fané fleurant encore la verveine, ces lignes aux mots capricieux, aux lettres tourmentées, raides et penchées, brusques et calmes, rudes et insidieuses comme les tendresses, les tourments, les espoirs, les appréhensions, les reproches qu'elles exprimaient ; ces lignes n'évoquaient-elles point pour elle un autre abécédaire, une autre leçon d'amoureuse grammaire !

A peine avait-elle alors dix-huit ans et c'étaient là les premiers aveux de celui qui, en quelques jours, devait devenir son fiancé et en deux mois, son mari.

Son mari, son « cher petit mari », comme elle disait alors.

Le tyran de sa vie, le bourreau de son Rêve, pensait-elle aujourd'hui.

L...a...la...l...e...le...

Elle commença de relire la lettre..., elle la relut doucement, sur le rythme lent, traînassant de la leçon enfantine qui se lamentait au dehors.

Il semblait qu'elle aussi les épelât, les mots tout vibrants de passion, ces mots si chèrement odieux, derrière chacun desquels s'embusquait un mensonge !

Et, peu à peu, elle se prit à l'oublier, à ne le

plus voir ce mensonge et, l'âme remontant, radieuse, le courant grisâtre de ces cinq années de tristesses, elle revécut ses dix-huit ans, le printemps de sa vie, l'aube de son amour.

M...a...ma...m...e...

Maintenant, ce pépiement d'oiseaux en cage ne l'agaçait plus. Elle en comprenait, elle en savourait la délicieuse naïveté, la puérile inconscience.

Ne les avait-elle pas épelés, elle aussi, les mots de cette lettre, épelés et ressassés jusqu'à s'étourdir, s'abêtir en leur interminable redite ?

Ainsi que toute cette petite classe de gentils perroquets n'avait-elle point été prise du désir, d'une impatience d'apprendre plus vite, d'en savoir plus long, de ne plus épeler lentement les mots, mais de les lire, de les lire bien plus vite, à la suite les uns des autres, de comprendre aussitôt le sens de chacun d'eux, la pensée de chacune des phrases qu'ils formaient, et leur douceur, et leurs caresses et l'énigme ineffable de leurs sous-entendus :

Z...a . za, z...u...zu, z...o...zo.

Les voix des écoliers se turent. La leçon était finie. Un silence soudain s'écrasa, bête, sous l'ondée torride du dehors.

Dans la pénombre du salon, Jane soupira. Ses mains laissèrent échapper la lettre aux coins jaunis.

Sans un mouvement pour la rattraper, elle vit

tomber sur le tapis, à ses pieds, triste, navrante, la petite feuille froissée, la pauvre petite feuille morte de son Rêve.

Et la Réalité la ressaisit tout entière ; une détente douloureuse brutalisa ses nerfs ; deux grosses larmes embrumèrent ses yeux encore grands ouverts sur cette vision rieuse du passé.

Puis une grande douceur, un apaisement d'extase l'enveloppa, arrêtant brusque sa pensée sur cette pente de souvenirs et d'amertume.

Dans une hallucination de maternelle tendresse, oubliant la litanie de ses décevances de femme, l'écroulement de son idéal de fillette, l'horreur de sa vie gâchée, l'atroce inanité de ses lendemains, oubliant tout ce deuil, toute cette misérable débâcle de ses vingt ans, elle s'imagina tenir là, tout contre ses genoux, un de ces gentils blondins échappés de l'école, maintenant silencieuse, un de ces chérubins, tout frisé, tout mignon, tout espiègle et, Amante tant déçue, devenue soudain Maman bien aimante, elle sourit, sentant, parmi la sérénité consolante de sa rêverie, sa pauvre âme de solitude se fondre toute, en l'inconsciente douceur de cette âme d'enfant et, heureuse, elle écouta le gazouillis zézayant du cher petit être :

j...a, za..., j...e, ze...j...i, zi...

Sœurette

Au cher Maître Armand Sylvestre.

— Encore cet imbécile qui me relance !

Luce froissa la lettre que le valet de chambre venait lui apporter, la roula en boule et, avec une espièglerie rieuse, la projeta vers sa sœur Irma, assise à quelques pas d'elle, abîmée dans la lecture d'un roman.

Après le déjeuner, les deux jeunes filles s'étaient réfugiées dans la serre du château pour y passer ensemble cette après-midi grise d'automne, à l'abri des papotages de leur mère et de leur tante.

Cette tante et son mari, le baron de Gragnieux étaient arrivés depuis le matin. Les messieurs, aussitôt partis en chasse, il avait été convenu, selon l'hebdomadaire coutume, que toute la famille se retrouverait, à l'heure du dîner, au domaine de Gragnieux, situé à quatre lieues de là.

Le projectile de papier vint tomber sur les genoux d'Irma qui, surprise, releva brusquement la tête et, comprenant de suite la plaisanterie de sa sœur, n'eut à son adresse qu'un sourire de doux reproche.

Debout, parmi les inflorescences vigoureuses et aromatiques de superbes magnolias, Luce tira d'un étui une fine cigarette de tabac blond comme ses cheveux, l'alluma et fit voleter dans l'atmosphère attiédie et capiteuse de la serre, une bouffée de fumée bleue comme ses yeux.

— Si Mère te voyait ! gronda Irma en sa qualité d'aînée.

Luce haussa les épaules et, la cigarette aux lèvres, les paupières gracieusement clignées, les mains croisées derrière la tête, rétorqua :

— M'man ?... Elle me demanderait du feu... C't'idée !...

Et au bout d'un silence, désignant du regard la lettre roulée sur le sol :

— En v'là un qui n'en a pas besoin de feu.... depuis le temps qu'il me parle de sa flamme, c'qu'il doit être carbonisé le malheureux !

— Jean d'Osmin ?

— Lui, toujours lui.... l'indécourageable.

— Pauvre garçon, doit-il souffrir ! fit Irma d'un ton de sincère apitoiement. Et penser que cela dure depuis l'hiver dernier, depuis cette soirée, depuis ce tour de valse où, m'as-tu avoué, tu lui « permis d'espérer de conquérir le droit de t'aimer ! »

— Le sot, persifla Luce, qui préféra aux charmes de quelques minutes de flirt aux bougies, les lointaines perspectives d'une dilection au clair de lune !

Ah ! celui-là n'est pas dans le train fin-de-siècle par exemple.... Il semble, tout au plus, cahoté dans le train de plaisir qui nous l'amena de son manoir de Bretagne.

— Cela me navre, ma Lucette, de te voir si froidement méchante.

— Eh ! quoi, toi aussi tu te liguerais contre moi, pour collaborer au succès de ce benêt gentillâtre ? Ah ! non, en voilà assez....

Et puis, tu sais, sœurette, si ça ne vous va pas...

Luce s'était avancée jusqu'à la porte de la serre et, au moment de l'ouvrir, elle jeta, nerveuse, par dessus son épaule, sa cigarette et la fin de sa phrase :

... zut ! pour vous deux !

Puis elle disparut parmi le tremblement des vitres de la porte claquant derrière elle.

Demeurée seule, assise à la même place, Irma oublia la suite de sa lecture et s'abandonna à une tristesse vague, insondable, se transformant peu à peu en une sorte d'angoisse qu'elle ne se sentait pas le courage de définir.

Cette tristesse, cette angoisse se compliqua d'abord d'une pitié pour ce Jean d'Osmin, ce pauvre amoureux, ridicule de foi et de persévérance en sa chimérique passion, puis d'une colère sourde contre cette sœur, cette fillette plus jeune qu'elle de dix ans, qui se faisait une joie, un passe-temps d'égratigner de ses petits ongles de jolie coquette la ferveur de cet idolâtre..

Jean d'Osmin lui paraissait pourtant digne en tous points de l'amour de cette indomptée, de cette gamine si ingénûment perverse, de cette âme de rouerie despote personnifiant à plaisir le type complexe de demi-vierge cruellement divulgué par la psychologie outrancière d'une queue-de-siècle cynique et névrosée.

C'était un gentilhomme de race, qu'une éducation saine et sévère avait tenu à l'écart des promiscuités et des turpitudes de la jeunesse aristocratique des grandes villes, loin de ces rejetons pitoyables n'ayant de noble que leur titre et consacrant l'écu armorié de leurs ancêtres — l'écu tant de fois glorieux, pour le baiser d'une noble dame, — aux ablutions intimes et souvent médicinales de demoiselles de beuglants.

Jean d'Osmin, riche, élégant cavalier, habitait Paris depuis un an à peine.

Cet amour pour Luce qui, au hasard d'une soirée mondaine l'avait agriffé en plein cœur, était, certes, la première passion de sa vie.

Depuis lors, cette passion le possédait tout entier, l'enivrait de ses espoirs et de ses extases, le meurtrissait de ses traîtrises, de ses désenchantements.

Et, anxieuse, Irma cherchait à s'expliquer la

conduite étrange de sa sœur, son indifférence, ses dédains à l'égard de Jean et ses coquetteries savamment enjôleuses, implacablement leurrantes.

Elle était si jolie, si jolie que, malgré soi, devant son sourire, sous le bleu-acier de son regard fin, subtil, aiguisé comme un stylet d'Andalouse, les colères, les rancunes, s'effondraient impuissantes et l'on comprenait qu'un homme se prît même, dans la folie de son culte, à désirer un nouveau leurre de ce sourire de charmeuse, une nouvelle estafilade en plein rêve de ces grands yeux de satane blonde.

Et — sans fiel — Irma comparait toute cette joliesse à la dureté ingrate de sa propre physionomie, toute la fraîcheur, tout le printemps de cette sœurette encore gamine, à la mélancolie déjà vieillotte, à la sévérité, à la pâleur un peu jaune de son visage de fille à la trentaine.. — de vieille fille, insinuaient tout bas d'aucunes de ses amies d'enfance, depuis longtemps mariées.

Pour comble d'infortune, elle était venue au monde, affligée d'une tache de vin qui, de sa lie affreuse, souillait un côté de sa bouche, évoquant, de loin, l'horreur de quelque léprosité innomable.

Peu à peu, inconsciemment, le sentiment de cette disgrâce extérieure avait semé en elle le germe d'une sorte de renoncement tacite, inavoué, indéfini,... renoncement à l'amour, à la vie à deux, à ce qui était prétendu le bonheur ici-bas.

« Non point qu'elle fût demeurée naïve jusqu'à croire tout mariage impossible pour elle. A frôler depuis six ans le monde, *son* monde, en cette liberté assez étendue de toute jeune fille sérieusement menacée de l'éternel célibat, elle avait tôt compris que, souvent, la fortune était le rachat de la beauté et que la race des épouseurs de dot, même beaux, accablés de dettes et spirituels, était loin d'être un mythe.

Or, riche, assez riche pour se faire tisser des voilettes en toile arachnéenne d'or fin, pointillées de perles fines et capables de ravir, aux regards les plus percutants, les moins corruptibles, la tache lie de vin qui déshonorait son visage, elle en arrivait à ne plus se forger d'illusions sur le genre d'amour qui eût régi, dans son existence, un hymen à tout prix,... et, à la honte d'une liaison conclue comme un négoce, d'un continuel tête-à-tête de mensonge et de grimaces, elle préférait la tristesse de l'esseulement moral, le ridicule égoïsme du célibat féminin.

Cependant que, pour la mille et unième fois, ces pensées l'assaillaient, banales, indifférentes presque à force d'obsession, son regard traînant parmi les potiches et les caisses de fleurs, heurta, sur le sol, la lettre roulée en boule, jetée et abandonnée là, par Luce.

Tout de suite, elle se courba, étendit la main, ramassa le papier et, quand elle le sentit dans ses doigts, elle commença seulement à juger son geste et l'action qu'elle s'apprêtait à commettre.

Une honte intime lui monta aux joues, furtive, puis, la sévérité de son propre jugement s'atténua, à la comparaison mentale de la ferveur de l'amoureux et de l'indifférence de l'aimée.

Son intention, loin d'être la conséquence d'une curiosité qu'eussent répudiée d'ailleurs sa fierté et sa noblesse, s'excusait, se magnifiait d'un élan de miséricorde, d'un instinct, d'un besoin de consolation parmi le désaccord de ces deux cœurs : la détresse de l'un et la cruauté de l'autre.

Alors, pourquoi hésiter plus longtemps à déplier ce chiffon de lettre, à lire ce qu'il disait ?

Nerveusement, étouffant ses dernières répugnances, sous la poussée d'une convoitise compliquée d'apitoiement, elle défit la boule de papier et déchiffra, rapide, en une lueur d'éclair :

« Luce, ma Luce, — car malgré tout, malgré vous, vous êtes mienne, de par le dévotieux sortilège de ma passion, — Luce, Lucette, pitié ! je souffre trop ! O Aimée sans amour, jusqu'à quand repousserez-vous, implacable, ma main qui vous conjure pour aller à deux en ce beau sentier que je sais si près de nous ?...

« Jean. »

Au bout de cette lecture, Irma eut, durant une minute, l'illusion que ce n'était là qu'une page déchirée à ce roman passionnel abandonné sur une chaise, depuis la sortie de sa sœur.

Puis, quelque chose de jamais éprouvé, quelque chose de douloureusement tendre coula dans son âme ; une fièvre d'angoisse martela ses tempes, jeta sur ses prunelles une taie de sang. Elle pensa défaillir en l'affolement de cette nouvelle illusion : que c'était à elle que cette lettre s'adressait, que c'était vers elle que montait, éperdue, comme un encens d'idolâtrie, cette supplication d'amour.

Retombée en la réalité elle soupira :

— Si c'était pour moi !

Et, de suite, un remords, un remords haineux l'étreignit : le remords des jeunes années gâchées sans rêve, la haine de cette nature dont le stigmate de disgrâce la marquait au visage d'une réprobation si affreusement injuste.

Aimer !... Etre aimée !

Jusqu'à ce jour, ces deux mots n'avaient évoqué à son imagination qu'une idée de joie, de Paradis qu'elle savait très lointain, sans doute à jamais inaccessible pour elle, et la faisaient vivre ancrée à une résignation très douce, au renoncement de l'aveugle qui, désespéré de jamais voir les cieux, s'éjouit tout bas, dans le mystère de son ombre, glane un peu des gaîtés qu'il coudoie et devine épanouies sous la fête du soleil.

Maintenant, toute sa détresse de Délaissée se soulevait en révolte.

Une idée, une idée soudain surgie dans un vertige d'égarement, assaillait son cerveau

Accourir au salut de ce désespéré et châtier la coquetterie mauvaise de cette sœurette si jolie...

Et elle,... elle, l'Oubliée, érigée en justicière, se venger du même coup, de sa destinée, et conquérir en une heure, vaille que vaille, tant de bonheur évanoui avant même qu'elle ne l'eût frôlé, tant d'années de jeunesse solitaire, bousculée par la joie égoïste des autres..., voir enfin se lever, sur l'aurore tardive de son Désir, l'astre de l'Amour, bientôt irradié dans la furie triomphante, revendicatrice de son baiser d'Amoureuse.

Aimer... être aimée !

Oui, elle voulait, elle allait aimer et être aimée... bientôt, ce soir peut-être...

Son plan était tout simple en son épouvantable hardiesse :

Avant une heure, sa mère, sa tante, sa sœur Luce et elle devaient partir pour dîner au château de Gragnieux, rejoindre à leur retour de chasse son père et son oncle. Afin de n'y point aller, elle prétexterait une violente migraine et se retirerait dans sa chambre, en insistant pour que, comme d'habitude, tous les domestiques prissent part sur la berline de famille, à cette petite exode hebdomadaire.

Sans plus de retard, elle sortit de la serre et gagna la bibliothèque.

Elle prit une feuille de papier et, d'une main hâtive, griffonna ces lignes :

« Ce soir, soyez ici vers neuf heures.

« La petite porte du fond du jardin sera fermée au loquet seulement.

« Glissez-vous jusqu'à la serre... j'y serai »

« Tout à vous, aimante et repentie. »

Et sans même avoir pris la peine d'imiter l'écriture de sa sœur, elle signa : « Luce ».

Puis elle mit le billet sous enveloppe, cacheta et suscrivit :

Monsieur le Vicomte Jean d'Osmin
Villa des Saules...

Ces trois derniers mots de l'adresse, la firent sourire tristement.

Elle n'avait jamais encore remarqué l'affinité amère de cette enseigne avec l'existence qu'elle couvrait.

Descendue dans le jardin, elle marcha vers la grille d'entrée et fit signe à un jeune garçon assis sur le seuil d'une ferme voisine, d'approcher.

A mots pressés, et lui glissant une pièce blanche dans la main, elle lui dit:

— Porte de suite cela à son adresse, au village voisin, et n'attends pas de réponse, reviens aussitôt.

Le paysan parti, Irma se mit à la recherche de sa mère pour lui faire part de sa prétendue indisposition et de son désir de demeurer pour ce soir là, seule au château.

Quelques instants après, accoudée à la fenêtre de sa chambre, elle assistait au départ de toute la famille.

Quand, au loin, sur la route, elle vit disparaître la berline, elle referma les croisées, alla donner un tour de clef à la porte, afin de se mettre mieux encore à l'abri de toute importunité impossible à prévoir... puis elle commença de se déshabiller.

Avec une lenteur, une méthode de petite pensionnaire très ordonnée, elle dégrafa son corsage, sa jupe, les retira, puis les étendit sur le dossier d'une chaise. Elle en fit autant du corset et du jupon de dessous, du pantalon, et ne s'arrêta qu'à la chemise.

Elle pénétra ainsi dans une petite pièce contiguë à sa chambre et servant de cabinet de toilette, et n'en sortit qu'au bout d'une longue demi-heure d'ablutions, parmi un nuage de poudre de riz et des effluves, subtilement combinés de chypre et de lilas.

Le crépuscule engrisaillait le parc. Une clarté vague, à peine mauve, baignait la pièce close, s'harmonisait exquise avec la buée odoriférante essorée dans l'atmosphère.

Toujours simplement vêtue de sa chemise, le visage rayonnant, transfiguré d'un sourire, — sourire déjà pâmé, — les lèvres quêteuses du baiser, Irma s'approcha de la haute glace de son armoire.

D'abord, elle ne regarda point, demeura la tête demi-tournée vers la fenêtre.

Tout d'un coup, nerveuse, elle resserra les épaules, abaissa ses deux bras tendus, et, d'une simple secousse fit choir à ses pieds la frêle batiste qui la vêtait encore.

Alors, elle releva les bras, ouvrit ses mains, toutes grandes, en masqua son visage et, entre ses doigts à peine écartés, se regarda dans le miroir, — nue... toute nue... Elle tressaillit sous un frisson de voluptueuse allégresse.

Elle ne s'était jamais vue, elle ne se croyait point si belle.

Sa chair blanche et rose surgissait, orgueilleuse, en les rythmes de ses contours, la fuite ombrée de ses mystères, le relent chaud, dominant tous les autres parfums, — de son désir. —

Toute nue...! Elle pensa :

— S'il me voyait ainsi !.. Non, il ne me verra pas... Dans l'ombre, que j'exigerai autour de nous, l'amour saura lui révéler ce qu'il peut apprendre de ma nudité... Mais ça... ce que mes mains dérobent à ma vue même... Non, il ne le saura point, il ne le verra jamais !

Notre joie n'éclora que d'un mensonge. Mais de nos deux parts de cette joie, la sienne ne sera-t-elle pas la plus belle, à lui, qui ne sait point, qui ne saura jamais ce mensonge?

Et quand, après qu'il aura fui, demain, je me retrouverai seule avec moi-même et mon mensonge, ce mensonge ne sera-t-il point assez payé par l'instant de bonheur, de l'illusion d'amour qu'il lui aura procuré?

Et qui sait? peut-être cette joie lui sera-t-elle assez belle, assez infinie, assez enivrante pour enivrer son âme à l'égal de ses sens, pour illuminer ses yeux, jusqu'à leur rendre à jamais invisible à toutes les clartés, la laideur que je masque?

Mais non, c'est trop vouloir, et je ne puis, je ne dois rêver un au-delà, désirer une survie à l'instant d'amour, par quoi, ce soir, doit se réaliser puis se meurtrir mon rêve.

Détournée de la glace, elle retira du fouillis d'un tiroir, une chemise de soie mauve, mauve comme le crépuscule dont la mélancolie mauve l'enveloppait, — et s'en vêtit.

Puis elle rajusta sa chevelure, toujours loin de la glace, se couvrit d'un long peignoir blanc, rehaussé de valenciennes, se laissa choir dans un fauteuil et, la tête renversée en arrière, les yeux mi-clos, sourieurs à la vision rieuse, — attendit.

*
* *

— « Oh! Luce, Lucette, merci pour tant de bonheur! » A peine entré, à tâtons dans la serre obscure comme un antre, le jeune vicomte Jean d'Osmin sentit deux mains très douces prendre les siennes et le conduire à travers les vases et les caisses de plantes, le guider le long de ce dédale odorant, avec une assurance, une lenteur prévenante de mystérieuse Antigone.

Ils s'arrêtèrent.

— Là, asseyez-vous, fit Irma à voix basse.

Le vicomte obéit. Il y avait un large canapé d'osier, garni de coussins. Ils s'y trouvèrent assis côte à côte, leurs mains toujours unies.

— O Luce, Lucette, répéta le jeune homme, la gorge sèche, frémissant d'émotion, ne trouvant autre chose à dire que :

— Combien je vous aime !

Ce dernier mot était à peine prononcé, qu'un baiser furieux, bestial presque, s'écrasait sur ses lèvres, insufflant en lui une soudaine folie de possession. Sa joie, son enchantement étaient tels depuis que, dans l'ombre, ces deux mains d'amoureuse avaient saisi les siennes pour l'entraîner il ne savait où, mais sûrement au Bonheur, que le moindre raisonnement échappait à sa pensée et qu'il subissait en une passivité de charme tout ce qui lui pouvait advenir.

Et, maintenant, les baisers redoublaient leurs furies, se compliquaient de perversion raffinée, s'aiguisaient de saveurs irritantes, suggéraient, accentuaient les étreintes, affolaient les mains, brûlaient les lèvres de piments érotiques, exaspéraient les yeux encrés de ténèbres, soûlaient les âmes gavées d'azur.

C'est à peine s'ils avaient échangé deux ou trois phrases, composées d'ailleurs des mêmes mots sans cesse balbutiés, que la folie d'aimer les faisait s'abattre l'un sur l'autre, parmi les coussins, avec des râles.., des râles éperdus dans la ténèbre silencieuse, lourde de l'haleine lascive des orchidées et des tubéreuses...

Ils se prirent et se prirent encore, en des baisers toujours nouveaux, et des étreintes toujours plus chères et quand, sur une accalmie de soupirs et de prostration, Jean d'Osmin murmura d'une voix moins docile :

— Oh ! cette ombre ! cette ombre maudite qui te dérobe à ma vue, qui m'interdit même de choisir une place pour mes baisers...

— Que dis-tu, malheureux ? Tu blasphèmes cette ombre ?.. cette ombre par qui tu me possèdes et qui nous défend des jaloux et des méchants !

Mais lui, tenace :

— Oui, c'est vrai, elle m'a valu ton baiser, mais elle me vole ton sourire et la caresse de ton regard et la roseur de ta chair...

Oh ! si tu voulais, si tu permettais... Ce ne serait qu'une lueur, un éclair...

Alors, elle, d'une voix rauque d'épouvante :

— Non, non... jamais. Cette lueur, cet éclair

serait aperçu du dehors, à travers les vitres de la serre... un domestique, quelqu'un du château.., ma mère, peut-être... et l'on crierait, l'on nous surprendrait ainsi que deux malfaiteurs... pire que des malfaiteurs... que deviendrais-je alors ?

L'idée de ne point se séparer ainsi de son amante, en cette nuit épaisse, au bout de cette heure de tendresses, s'ancrait de plus en plus dans son cerveau, l'obsédait, se tournant en résolution nerveuse, inflexible.

Et puis ce « non ! » ainsi proféré par elle, le surprenait.

Dit d'une voix plus naturelle, moins effarée, ce refus l'aurait sans doute convaincu, aurait dévoyé son caprice.

— Luce, fit-il, plus décisif.., je l'exige... Ici, nous n'avons rien à redouter... je ne veux point te quitter ainsi !

— Non... jamais..! s'exclama de nouveau Irma, avec un recul brusque de tout elle, comme s'apprêtant déjà à fuir la clarté.

Ce dernier cri étouffé, suppliant, ne servit qu'à surexciter l'envie du jeune homme. Il plongea la main dans une poche, en retira une boîte d'allumettes... Une crépitation suivie de deux ou trois étincelles... Une lueur déchira un lambeau de nuit, divulguant, imprévu, un décor fantastique de fleurs et de plantes vertes, aux longues feuilles immobiles, déchiquetant l'espace.

Dressée, parmi cette vision de cauchemar, Irma apparut au vicomte, debout, le visage crispé d'une épouvante accentuant sa laideur, les cheveux en désordre, le peignoir débraillé, les seins en révolte, telle une statue de Hideuse effarée.

Aveuglé de fureur, le vicomte Jean d'Osmin, avait bondi sur elle... Une rage, une démence de forcené lui firent lever vers cette apparition d'enfer la menace de ses deux poings et cracher sur elle l'outrage d'un mot infâme.

De nouveau, l'ombre avait envahi la serre. Jean n'entendit que le choc mat d'un corps s'affaissant sur le sol, sans un cri, sans une plainte.

Mais, comme il s'enfuyait, un petit rire éclata derrière lui, un petit rire de sorcière ou de folle, — de folle par amour, — jouisseur et lamentable, qui courut, s'égrena sur ses talons, s'éperdit comme un râle de maléfice, parmi la ténèbre plus lourde, plus oppressante de l'haleine lascive des orchidées et des tubéreuses.....

Par les Baguettes

Pour Georges d'Esparbès.

— Maréchal-des-Logis Lupin, levez-vous...

L'accusé escorté de deux bas-officiers de son escadron, sabre au clair, se redressa très pâle.

Le Mestre-de-Camp, président du Conseil de Guerre, lut à voix haute :

« Maréchal-des-Logis Lupin, Louis-André, du régiment de Bourgogne, en garnison à Strasbourg, escadron de La Grave, vous êtes accusé du crime de désertion.

« Porté manquant à l'appel du soir, le 17 Août, vous n'étiez pas rentré à l'appel du matin, le 20 du même mois.

« Le sieur de La Grave, capitaine commandant le 3ᵉ escadron, à qui l'on en rendit compte, en rendit compte lui-même au major, lequel officier supérieur suivit aussitôt sur le contrôle des signalements, à l'article du dit Lupin : « déserté le « 17 Août ».

« Ensuite, le major adressa un rapport à ce sujet au commandant du Régiment, au commandant de Place, au Secrétaire d'Etat de la Guerre et au Prévôt général de la Maréchaussée de sa province.

« Le 25 Août, vous étiez arrêté dans les environs de Strasbourg, caché en compagnie d'une femme de mœurs honteuses, dite Aiglette, avec laquelle, depuis trois mois, vous entreteniez des relations quotidiennes, que l'Opinion du Régiment et la dignité de votre uniforme réprouvaient.

« Ramené au corps par la Force publique, le capitaine de la Grave vous fit aussitôt incarcérer dans les locaux disciplinaires du régiment et instruisit de votre retour, le Commandant de Place et le Major.

« Après enquête préliminaire, ce dernier officier adressa, contre vous, une plainte motivée, réclamant votre comparution devant un Conseil de Guerre.

« Maréchal-des-Logis Lupin, vous êtes âgé de trente-cinq ans, vous comptez au régiment de dragons de Bourgogne, quinze années de bons et loyaux services. Votre conduite est aussi odieuse qu'inexplicable. Vos chefs, vos camarades de galon, vos cavaliers eux-mêmes en sont encore stupéfaits.

« Qu'avez-vous à dire pour votre défense? »

L'accusé, un superbe gaillard aux formes d'athlète, gracieuses pourtant, sous l'habit de couleur tendre, soutaché d'or, releva sur le prétoire un visage dont la douceur blême contrastait singulièrement avec la virilité quasi-brutale de fortes moustaches blondes, très longues. Ses yeux, d'un bleu trouble, portèrent la détresse de leurs regards sur le colonel prestigieusement impassible.

Après un effort, il balbutia :

— J'ai commis une lourde faute, je m'en repens et suis prêt à l'expier.

Un silence angoissé pesa sur la salle du Conseil.

Le Major, le Capitaine, les trois officiers subalternes et le bas-officier composant le Jury, tournèrent leurs yeux vers le Président.

Le Mestre-de-Camp conclut d'une voix moins rude, adoucie d'apitoiement :

— Votre réponse, Lupin, est celle que nous attendions de l'homme de cœur qui, malgré tout, doit subsister en vous.

Sans que les Ordonnances de Sa Majesté le Roy, notre Maître, sans que la Justice Militaire perdent leurs droits, ou voient leurs rigueurs palliées ou détournées, les Chefs qui vous jugent sauront ne point méconnaître votre passé de soldat et, en sa faveur, épargner votre avenir.

Peut-être, ne leur semblerez-vous point indigne de jamais plus porter l'épée, cette arme, cet insigne qui, selon les plus anciennes ordonnances royales « est dévolu à l'officier, au soldat et à « tout homme de guerre, et présentement en « France, à tout ce qui n'est pas laquais, ou décrotteur. »

Mais, au préalable, je vous invite instamment à

nous confesser quelques détails sur les mobiles de votre forfaiture contre le devoir et le Pays.

L'homme eut une hésitation puis, les yeux baissés, les bras retombés en une pose de douloureuse lassitude, il prononça :

— Une femme,... c'est pour une femme, pour une fille que j'aimais comme un fou, comme une bête. Je l'avais eue, ainsi que tant d'autres l'avaient eue et l'auront encore. C'était une goule, une femelle à soldats, que je ne sus pas oublier dans son cloaque, après que je l'eus possédée une fois.

Ses yeux, sa bouche m'avaient jeté un sort, avaient, en un instant et pour toujours, brûlé, exaspéré mon sang et mon cerveau.

Et cet amour me fit assez odieusement fort pour essuyer, en silence, les moqueries, les pitiés, le mépris, les insultes même de ceux qui le connaissaient.

Après quelques semaines, il se compliqua de jalousie, d'une jalousie atroce, suppliciante :

Oui, je devins jaloux de ce passé de prostituée, jaloux du présent, des regards qui, maintenant, décochaient sur nous leur ironie et nous garrotaient dans une même honte...

Jaloux aussi du lendemain qui, au gré d'un de ses caprices de gourgandine, pouvait me la montrer aux bras d'un autre.

Soudain, une folie me posséda. J'avais quelque

argent, elle le savait et jura de me suivre où il me plaisait de nous sauver.

Le lendemain, j'étais déserteur.

En un mois mon petit pécule était épuisé.

Alors, ce fut pour moi une vie de misères et de remords... L'expiation commençait. Je subis toutes les vilenies, tous les opprobres qui avaient pu m'être encore épargnés.

Cette femme qui, à sa suite, m'avait entraîné dans sa boue ne passa point un jour sans me cracher mon déshonneur à la face.

Elle me trompa avec vingt autres, défiant ma jalousie farouche, ma fureur de brute enchaînée.

Sous peine de me voir découvert, de me faire arrêter, — elle savait que je devais me taire, — j'acceptais servilement, silencieusement l'existence d'infamie qu'elle m'imposait.

Et je n'avais pas le courage d'une révolte. Je pleurais lâchement, subissant tout,... prêt à tout, plutôt,... plutôt que de me voir séparé de cette femme.

Si rigoureuse que puisse être votre condamnation, Messieurs les Juges, elle n'atteindra jamais en cruauté l'inexprimable supplice que j'ai déjà subi.

Après délibération, les Membres du Conseil de Guerre, en commençant par le plus bas gradé, ayant prononcé leur avis, le jugement formé de celui qui avait prévalu à la pluralité des voix, condamna le maréchal-des-logis Lupin, Louis-André, à la destitution de son grade et à être « passé par les baguettes. »

Le détachement de deux cents dragons, destiné à l'exécution du jugement, fut rassemblé un matin sur une place publique de Strasbourg, muni de l'armement réglementaire : fusil, bayonnette, pistolet et épée.

La troupe se divisa en quatre pelotons, sous les ordres d'un capitaine. A la tête de chaque peloton se placèrent : un lieutenant, un sous-lieutenant, quatre maréchaux-des-logis, et quatre sous-brigadiers

Douze caisses et douze hautbois se rangèrent à gauche et à droite. Des sentinelles furent disposées autour du lieu d'exécution, pour assurer l'ordre public.

Sur un commandement du Capitaine, le détachement d'exécution se mit en bataille. Les rangs s'ouvrirent, à trois pas d'intervalle, le premier faisant un demi-tour à droite, face au second.

Les serre-file passèrent derrière les rangs ; les officiers et les bas-officiers se reculèrent sur l'alignement des serre-file, et les files se détendirent de manière à se partager également les intervalles laissés par les officiers et les bas-officiers.

On commanda : « arme au pied ! » et ce commandement exécuté, on passa les fusils à gauche dans cette dernière position.

Un roulement de caisses, puis un appel de hautbois.

L'ex-maréchal-des-logis Lupin apparut parmi une escorte de douze dragons dont quatre brigadiers, commandés par un bas-officier.

Le condamné passa entre les rangs du détachement, portant deux faisceaux de baguettes sous les bras, le gros bout en arrière. Chaque dragon dut se munir de baguettes.

Cela fait, Lupin se dépouilla de sa veste et de sa chemise et releva ses cheveux sous son bonnet de police. Deux brigadiers de serre-files fermèrent les extrémités des haies, en croisant leurs fusils.

Les caisses et les hautbois se rapprochèrent à hauteur des serres-file et, à un signal du Capitaine, battirent et jouèrent des dianes.

L'exécution commença.

De nouveau, et le torse nu, le condamné passa entre les rangs, marchant au pas, précédé et suivi de deux brigadiers de son escorte, portant leur fusil renversé sous le bras, le canon vers le sol.

Deux cents bras se dressèrent, armés de baguettes, puis, deux par deux, retombèrent au passage du condamné, fustigeant comme autant de fléaux, ses épaules et ses reins.

L'homme parcourut ainsi toute la longueur des deux haies humaines, puis rétrograda, toujours du même pas, le regard baissé, la nuque à peine courbée, la chair des épaules striée de longues balafres rouges, bientôt saignantes.

Pas une plainte ne sortait de ses lèvres, murées sur la douleur. C'est à peine si, sous la tombée cinglante des verges, ses muscles tressaillaient.

Il acceptait et subissait cette expiation, simplement stoïque,... comme un devoir.

Et quand ce fut fini, les deux brigadiers fermant l'une des issues du passage, s'écartèrent et, toujours escorté, l'exécuté en sortit.

Les caisses battirent un ban et un bas-officier publia à haute voix une défense, aux troupes, de jamais reprocher au cavalier Lupin, Louis-André, la faute dont il s'était rendu coupable ou la punition qu'il venait de subir, sous peine, à celui qui les lui reprocherait, de subir aussitôt sort semblable. Car, telle était l'intention formelle de Sa Majesté Louis XVI.

Le Capitaine commandant le détachement s'avança vers Lupin et lui dit :

— Lupin, vous avez payé votre faute, vous êtes libre.

Au sortir de l'hôpital où l'on va soigner vos blesssures, vous réintégrerez votre régiment et vous appliquerez, je l'espère, à reconquérir vos galons.

Allez !...

Tambours et hautbois fermèrent le ban.

Le soldat absous salua son chef et, comme il levait les yeux sur la foule, il recula, blêmit, sembla défaillir.

Là-bas, parmi d'autres femmes, il venait d'en apercevoir, d'en reconnaître une...

Et le misérable qui, sans un gémissement, sans un effroi, venait de livrer son corps à la double et atroce flagellation de deux cents bras, sentit à cette vue, son âme de soldat fondre, s'abimer toute en une désespérance, en une faiblesse d'enfant. Il porta une main à sa gorge, tituba comme ivre, et hoqueta un sanglot.

*
* *

Le lendemain, les six bas-officiers de l'escadron de La Grave arrivaient les uns après les autres, à quelques instants d'intervalle, chez la fille Aiglette.

Ils avaient comploté de venger leur ancien camarade de galon, l'ex-maréchal-des-logis Lupin, demeuré toujours leur ami et, dans la crainte que le malheureux ne retombât entre les griffes de cette maîtresse qui, de longue date et à tour de rôle, avait été la leur, ils s'étaient promis de compléter la sentence du Conseil de Guerre et de la rendre plus juste et plus efficace en l'étendant jusque sur la cause même, jusqu'à l'instigatrice de la faute.

Sans se troubler plus que de coutume, sans une méfiance devant ce surcroît de clientèle, la fille reçut les visiteurs avec l'aménité et les grâces inhérentes à son commerce.

Ils affectèrent d'abord de ne point parler de leur ami, maintenant à l'hôpital.

Ce fut Aiglette elle-même qui, au bout de quelques instants, avec un cynisme et un calme déconcertants, lança le nom de sa victime.

— Hé ! vous voilà six... il en manque un à l'appel, vous ne me parlez même pas de lui.

— Nous sommes venus précisément dans ce but.. répondit le plus ancien des bas-officiers, d'un ton qui fit pâlir la fille.

Elle rigola faux en gouaillant :

— Le beau gars, hein !

Non, mais avez-vous vu ce torse ! Quels muscles mes enfants ! Et avec ça, une peau blanche et fine comme une peau de femme. Je ne l'avais jamais tant admiré.

Mais pourquoi donc qu'y s'a fichu à pleurer comme un nigaud, à la fin du défilé ?

Ça a tout gâté. Mes amies qui, deux minutes avant, crevaient de jalousie en le voyant passer, sans broncher, sous les baguettes, se sont assez gaussées de moi, quand il est parti à pleurnicher...

Elle promena son regard surpris sur les six hommes debout, immobiles devant elle et, de nouveau, éclata d'un rire contraint, s'efforçant à en allumer leur gaîté.

Ils demeuraient impassibles.

— Ben quoi ! leur cria-t-elle, vous v'là sérieux comme des papes ! C'est-y que vous êtes gelés sur place ?

Celui qui avait déjà parlé, reprit sans autre préambule :

— Nous t'enjoignons formellement de déguerpir de la ville, dans les vingt-quatre heures, de ne jamais chercher à revoir Lupin et même de le repousser dans le cas où il chercherait à te reprendre.

La fille eut un soubresaut, stupéfaite, déjà rouge de colère..., un mot ignoble aux lèvres.

Du même ton sec, décisif, le bas-officier poursuivit :

— Mes camarades et moi avons tout prévu et sommes résolus à exécuter notre sentence contre toi, de gré ou de force.

Si tu veux obéir sans discussion, nous allons te remettre une petite somme d'argent pour les frais du départ. Nous nous sommes cotisés dans ce but.

Si, au contraire, tu veux résister...

— Eh ! bien quoi ? si je veux résister ! hurla la fille furieuse, un poing tendu vers les hommes... quoi, qu'arrivera-t-il ?

Et, se montant à ses paroles, à ses menaces, exaspérée :

— Oui, je vous résiste et je vous défie. Je resterai ici autant qu'il me plaira, et je reverrai mon amant, d'abord parce que je veux encore de lui, et puis parce que je vous...

Le juron s'érailla dans sa gorge

Elle croisa ses bras et, dévisageant les six hommes, goguenarda :

— Me prenez-vous pour un troupier qui tremble devant vos galons ?

Mais je les connais vos galons...

Mais j'vous connais, vous aussi.., avec vos galons, et même en chemise...

Vous n'avez peut-être pas la prétention de me faire passer par les baguettes moi aussi...

— Par les baguettes, non !.. cria un des bas-officiers bondissant sous l'outrage et saisissant la fille par les poignets. Pas par les baguettes, non ! C'est fait pour les soldats, ça !.. Toi, garce, c'est par les braguettes que tu dois passer...

— Par les braguettes ! répétèrent les cinq autres en s'élançant sur la fille, qui se débattait, bavant de rage impuissante, leur crachant des insultes au visage.

En deux minutes, Aiglette, tous ses vêtements arrachés, jetés au loin, apparaissait parmi les six hommes, nue comme un ver.

Renonçant à toute résistance, elle dardait sur eux des yeux chargés de haine étranglée.

A terre ! la goule ! lui ordonna-t-on. A terre !.. pour ramper... C'est ainsi que tu vas défiler ta parade.

Elle obéit.

Ils s'alignèrent sur deux rangs, trois de chaque côté, face à face, à un mètre d'intervalle.

— Pour défiler !.. en avant !.. commanda le plus ancien bas-officier...

Simultanément, graves comme à la manœuvre, ils se déboutonnèrent...

— ...Marche !!..

Et entre les deux haies de Mâles Justiciers, Débraillés Obscènes, urinant la souillure vengeresse, frappant la haine de leur talon sur la blême Souillée, défila, rampante mais provocante encore, convoitée quand même, l'inécrasable nudité de la Fatale.

TROISIÈME PARTIE

MOTS A MAUD

Mots à Maud

O Maud, pour qui je module ces MOTS, ces MOTS où, ne vous déplaise, fredonnent des manières d'ariettes, souventes fois aussi de cantilènes... Maud, pour qui je reprends ces chansons de ma route, Maud, pour qui je les fis, Maud à qui je les dois,...

Je vous rêve jolie, sans savoir qui vous êtes... Je vous sais adorable, vous rêvant très lointaine... partout je vous retrouve,... las ! mie ne vous possède !...

O mon Absente douce, ô ma frêle Inconquise, dont, pour motifs à ces MOTS, je voudrais le soleil du sourire et la fleur du baiser, dites-moi, dites-moi, je vous prie :

> Que vous soyez bergère ou marquisette,
> Cheveux poudrés à neige et robe à falbalas,
>   Fleurant la sauge ou l'ambre ou le lilas,
> Et des choses d'amour faisant folle amusette...
>
>   Que de vos yeux, le regard, à plaisir,
> Intimide ou caresse, ensorcelle ou poignarde,
>   Et que, soudain, votre Grâce mignarde
> Fasse éclore la fleur du Rêve et du Désir,...

En un bois, où frôlant votre litière,
Si je passais, un soir, Troubadour ou Marquis,
Pourpoint de soie et jabot tout exquis,
Ou Loqueteux altier, traînailleur de rapière,..

Lors, dites-moi lequel pourrait, sans vous léser,
— Du dameret frivole, ou du poète, —
Glaner sur vos doigts blancs l'aumône d'un baiser...
Que vous soyez bergère ou marquisette ?

. . . .

Lundi 17 août. — Eh ! bien, oui, ma chère petite Maud,... ça y est ! J'ai déserté Paris ce matin, non, je vous jure, par chic, habitude ou snobisme, comme la date de ce faire-part vous le pourrait faire croire, mais par goût, par décision formelle, longuement, sagement mûrie et sans appel.

Parbleu, d'ici je vous vois pouffer de rire, jolie moqueuse et vous gausser de ce beau diable en velléités d'ermitage, le même qui, l'hiver passé, ne manqua pas une *première*, pas un bal, pas une redoute,.. qui, de cinq à sept, chaque soir, immanquablement, s'apéritivait dans le moyen-âgeux cabaret de la rue Victor-Massé et disputait à coups *d'écarté* à l'illustre gentilhomme Rodolphe Salis, le montant de moult soucoupes empilées sur sa table,.... Le même encore, qu'à deux heures du matin, on découvrait sans peine chez l'un des deux Pousset, discutant à la conquête du dernier mot et buvant à celle du dernier bock.

C'est inimaginâ..â..ble, n'est-ce-pas ? dirait le tabellion de je ne sais plus quel vieux vaudeville fameux.

C'est pourtant la vérité,.. la vérité nue, toute nue, comme vous, Maudette, quand, porte close et rideaux tirés, vous laissez choir sur vos mules roses, ainsi qu'une tourterelle blessée qui s'abattrait sur deux roses, votre chemise de soie mauve, froufrouteuse et fleurant un parfum insidieusement combiné de chair et de verveine,... encore toute froissée à la taille, de l'étreinte du corset.

Maintenant, Maud, ne riez plus ; efforcez-vous à m'entendre, ainsi qu'une petite fille bien sage, une gamine sachant tenir son sérieux ; et à ne point sembler toujours l'impénitente espiègle que je vous sais.

Or donc, j'ai déserté Paris, gai séjour de plaisi...ir et d'ivresses (air connu), pour me réfugier,... devinez où ?

— A Fuenterrabia, pensez-vous, souvenante de mes prédilections... à la pointe Pescade, peut-être, à Sorrente, qui sait !.. à Luchon..,

Ah ! non, par exemple...

Ne cherchez plus, allez, n'excédez pas votre petite cervelle de mésange,... elle ne serait plus capable de perpétrer ces bons tours aux amis, ces infimes cruautés de jolie tyrane, où vous excellez et qui vous font adorer davantage.

Non, ce n'est pas si loin que j'ai choisi mon

nid, — un nid d'aigle, ma chère, vous en jugerez tout à l'heure — c'est à neuf lieues de Paris, à Brises-sous-Gorges, canton de Lamours en Hurepoix, Seine-et-Oise...

Evidemment vous écarquillez vos beaux yeux... vous ignorez totalement ce trou.

J'avoue qu'il y a trois mois à peine j'en pouvais dire autant. On a, comme cela, quinze années de capitale à son actif, on a vagabondé, chaque printemps, à dix lieues à la ronde et l'on est tout marri d'avoir oublié certains coins.

A la vérité on ne va pas à Brises comme à Asnières ou à Bougival... C'est, pour le Parisien en vacances dominicales, une exode qui a des allures de petite expédition.

D'abord on a recours au fameux chemin de fer tire-bouchon que vous devinez... Ça vous édifie, hein ? A Lamours, station-terminus, une vaste pataché vous emporte vers Brises en passant par Gorges-la-Ferme. Une lieue et demie, environ. Pas si pratique ni confortable que le tramway à vapeur, cette pataché, je l'admets. Mais vous n'imagineriez point les favorables influences, qu'à la première vue, ce véhicule suranné eut sur moi. Dès que je me fus assis sur la banquette, derrière le postillon, et que nous roulâmes au grand trot sur la route toute blanche de poussière et de soleil, je me crus transporté à des centaines de lieues de Paris, loin surtout de son horrible banlieue léprosée de guinguettes et infestée de pédaleux et de pédaleuses roulant, grouillant dans la campage, avec, de loin, l'aspect d'insectes parasites sur le ventre d'un pauvre homme.

Brises-sous-Gorges, vous relateront les géographies à peu près complètes, est un joli village de l'arrondissement de Rambouillet, comptant huit cents habitants.

Ce qu'elles omettront d'ajouter, probablement, c'est que la Première Charte fait mention de cette localité sous le nom de Bragium et que le roi Pépin-le-Bref en fit donation aux religieux de l'Abbaye de Saint-Denis, l'an 768.

Un archéologue de Seine-et-Oise, M. Robert du Mesnil nous apprend, dans une notice fort bien documentée, qu'au XII° siècle, il existait deux églises à Brises-sous-Gorges : l'une, l'église actuelle, à l'époque, chapelle du Château, et l'autre, plus bas dans le village, nommée Sainte-Croix, aujourd'hui disparue.

La paroisse de Brises formait un groupement d'habitations protégé par le Château et entouré d'une enceinte de murs, percée de quatre portes fortifiées. Au bas de cette enceinte, coulait la petite rivière qui va se jeter dans la Renarde à Arpajon et qui faisait moudre le moulin banal.

Au XV° siècle cette forteresse féodale soutint un siège en règle contre les Bourguignons, qui, après plusieurs assauts meurtriers, renoncèrent à sa conquête.

Au xvie siècle, — époque qui, tout spécialement, m'intéresse, — la terre de Brises appartenait aux Seigneurs du Moulin qui en tiraient un revenu annuel de six à sept cents livres tournois.

Ils exerçaient la haute, moyenne et basse justice sur Brises, Bligny et Gorges, et « faisaient faire le *Cri* » à l'issue des fêtes, par leurs officiers à gages. A l'arrière-ban, ils fournissaient au Roy un homme de cheval armé à la légère et, à la convocation du ban, deux arquebusiers.

Ils avaient reçu de Louis XI, l'autorisation d'ériger fourches patibulaires et échelles convenables pour les exécutions ainsi que le droit de grosses dîmes : — fruits croyssants ès-voyries, forage et perçage du vin et, aussi, très évidemment, droits de cuisson dans les fours-banaux et de cuissage sur les pucelles.

Ah ! Maud, on ne s'embêtait pas à cette époque; et les seigneurs, vous le voyez, usaient, à leurs bénéfices, de passe-droits qui, en l'occurrence, n'étaient que droits de passe.

C'est donc chez un Seigneur du Moulin, Philippe, qu'Anne de Boleyn fut élevée jusqu'à l'âge de seize ou dix-sept ans.

C'était soi-disant son oncle, ou son parrain. M'est avis, d'après ce qu'une copieuse compilation m'en a laissé entrevoir, que le susdit seigneur, paillard invétéré, étendit sur la jeune fille sa sollicitude jusqu'à des limites.....

Oyez plutôt l'en-tête du premier chapitre de mon prochain « Royal Inceste » : *Où risque moult le bonnet d'Anne de voler par-dessus le Seigneur du Moulin.*

Les Anglais, naturellement, vous affirmeront dans l'histoire de leur cascadeuse Reine, seconde femme de Henri VIII, que c'est à la Cour de France que se déniaisa la pauvrette.

Ils furent d'ailleurs, de tous temps, gens forts pratiques, Messieurs les Anglais, et s'ils se montrent toujours prêts à débarquer partout, ils ne s'embarquent que bien rarement dans les discussions scabreuses pour leur amour-propre ou leur « Shocking » national.

C'est ainsi que les originaux du procès d'Anne de Boleyn furent pieusement brûlés lors de l'avènement de sa fille la grande Elisabeth, et qu'aujourd'hui, pas une histoire n'ose affirmer les dates de la naissance d'Anne et de son entrée à la Cour d'Angleterre.

Malgré tout cela, il m'a vraiment séduit ce type si complexe de royale amoureuse, de coquette, d'ambitieuse, de subtile rouée et plus tard de déçue, de déchue et de sacrifiée.

Et ce m'est une joie d'ajouter, chaque jour, une pièce à la charpente de mon œuvre, dont Anne sera l'héroïne, parmi ces massives murailles, derrière ces créneaux dentelant l'azur, ces barbacanes et ces échauguettes d'où s'essorèrent, sans doute, ses beaux rêves de fillette tout éblouie du faste, des voluptuaires folies de cette Cour de François Ier où, quelques années plus tard, sa fortune de Parvenue devait lui valoir le venimeux surnom de « Haquenée du Roy Henri... »

Pour terminer ce furtif coin d'histoire du Château de Brises, il ne me reste, je crois, qu'à citer ses principaux propriétaires jusqu'à la Révolution qui détruisit les archives sur la place du Pilori et mutila tout ce qu'elle put de la forteresse et de l'Eglise.

Au XVIIe siècle, la seigneurie de Brises passait des Du Moulin à un gentilhomme protestant, Amos du Tixier, puis en 1618 à Christophe de Cardailhac, baron de Montbrun.

Vingt ans plus tard, Guillaume de Lamoignon, premier président du Parlement acheta ce domaine.

En 1775, il était à Joseph Dupleix de Bacquencourt, fils du grand Dupleix.

Ce fut le dernier seigneur de Brises. Il périt le 16 Messidor an III, à Paris, sur l'échafaud révolutionnaire.

Sa fille unique, mariée au Comte Henri de Montesquiou hérita de ses biens. Les restes du château de Brises furent vendus en 1767 à des bourgeois, M. et Mme Amirault.

L'emplacement de ce domaine est occupé aujourd'hui par des propriétés privées entourant le seul vestige qui subsiste encore de l'importante demeure féodale, le donjon dit d'Anne de Boleyn.

Un peu à droite du donjon, se dressait une petite tour, ancienne bastille seigneuriale, dont les souterrains étaient répartis en nombreux cachots, solidement murés et grillés.

En 1848, cette tour nommée « prison des femmes » était rasée par Germain Bardel qui en était devenu propriétaire, et les fossés environnants, la terrasse, convertis en jardins de rapport.

En 1883 enfin, une Parisienne, Mme F***, aussi prodigalement riche que spirituellement fantaisiste, acquit le donjon, dernière ruine illustre du domaine de Brises et, au prix de larges frais, le fit restaurer, consolider, reconstituer, transformer en ce bel et imposant castel moyen âge, surgi de bouquets d'arbres et dressant au-dessus du village et de la merveilleuse vallée, sa noble et fidèle évocation d'archaïsme glorieux.

Par suite de brusques revers, la recréatrice d'un tel cadre dut abandonner, vendre à prix dérisoire, ce domaine dont la réfection avait exigé tant de soins, d'intelligence et surtout d'argent.

Aujourd'hui c'est moi qui l'habite.

Laissez-moi vous le décrire très succinctement dans son état actuel.

La construction comprend trois parties : le grand donjon, carré, haut d'une vingtaine de mètres, affecté aux pièces d'appartement ; la tour de guet, ronde, — accolée au grand donjon et le dépassant en hauteur de 5 à 6 mètres, — dans laquelle tourne l'escalier ; et complétant la façade : le petit donjon carré atteignant à mi-hauteur du grand. Dans ce dernier, affecté au péristyle, s'ouvre la porte d'entrée, du plus pur style moyen âge, blindée, à heurtoir ouvragé, et constellée d'énormes caboches.

Les souterrains, qu'on a fait murer à une distance de quelques mètres et aménager en caves, partent dans trois directions différentes. Il est avéré que l'un d'eux aboutit à ceux de la tour de Montlhéry et un autre au château de la Madeleine de Chevreuse.

Le sous-sol, de plain-pied avec le jardin, sur la façade opposée à celle de l'entrée principale, est affecté aux cuisines.

Au-dessus se trouve la salle-à-manger, ancienne salle des Gardes.

D'immenses baies péniblement creusées, à la place d'étroites meurtrières, dans des murailles de granit de trois mètres d'épaisseur, agrandissent et éclairent superbement cette pièce.

Les murs sont tapissés de cuir de Cordoue et encadrés de boiseries.

Le plafond est à soffite avec, aux quatre coins, des écussons portant en relief les profils d'Anne de Boleyn, de François I*er*, de Catherine d'Aragon et de Henri IV : la présence de ce dernier ne me parut jamais très en rapport avec les trois autres.

La porte comprend, sur la face interne, quatre panneaux, boiseries merveilleusement ouvragées, et datant de deux ou trois siècles.

Toutes les fenêtres sont à petits carreaux.

J'ai calculé un total de neuf cents carreaux dans le donjon.

A l'étage supérieur : le salon, tapissé en papyrus vert-fauve très foncé. Ces deux dernières pièces tiennent toute l'étendue du grand donjon.

Du premier étage au deuxième, un palier avec accès sur la terrasse du petit donjon d'entrée,... gargouilles, créneaux, meurtrières.

Au deuxième : deux pièces d'égales dimensions, affectées aux chambres à coucher.

Au troisième : trois pièces dont deux aménagées en chambres d'amis et l'autre, la chambre des olifants, réservée à mon laboratoire intellectuel.

Le quatrième et dernier étage consiste en un palier avec porte ouvrant sur la terrasse du grand donjon, d'où l'on accède enfin au faîte de la tour du guet.

De ces deux points, derrière la dentelure rectiligne des créneaux ajourés de rayères, et l'avancée convexe des échauguettes, se déroule, à perte de vue, la campagne magnifique et pittoresque de ce coin d'Ile-de-France.

. . . .

Dimanche... n'importe quelle date. — Depuis neuf

heures, ce matin, la cloche de l'église ne cesse de *baômber*, — comme néologiquerait M. Huysmans, — annonçant le prochain office.

Maintenant, dans les rues du village, passent, silencieux, quelques paysans en blouse fraîchement empesées, en casquette neuve ; quelques femmes embéguinées de noir, marchant tête basse, le missel à la main.

C'est le classique défilé du « départ à la messe » des plus copieux *mélotrames* de M. d'Ennery.

A la suite des fidèles villageois, j'attends toujours l'apparition de la traditionnelle douairière au bras de son fils, l'inévitable officier.

Plus loin, guidant son père, vieux de la vieille à cocarde et à béquilles, la future fiancée, la jeune fille séduite, de basse extraction... sans douleurs.

Au spectacle imaginaire de cette reconstitution dramatique, je me prends moi-même, là-haut, derrière la plus haute fenêtre du donjon, pour un titi gobeur, membre patenté de la claque, à son poste du *paradis*.

. . . .

*Enfin !... plus de chapelles, plus de clan, plus de cénacles, plus de caveaux poisseux de bière et enfumés, où, parmi l'usinière haleine des pipes, s'élèvent, volètent, se pâment, se subtilisent en lutins, sylphides et syphilides, les rimes, les rythmes ultra-idéalistes, et rétro-esthétiques d'une poétique à la morphine et au copahu.

Plus de chers confrères, de chères belles, et de chers Maîtres !... plus de...

Allons ! bon, le heurtoir de la porte d'entrée qui résonne... Une visite... C'est cet excellent ami, mon notaire, dont j'entends la voix... Je dégringole mes quatre étages et, les deux mains tendues au cordial et spirituel tabellion :

— Eh ! bonjour, *cher Maître* !...

Oh ! la sale habitude !

. . . .

Dimanche 11 octobre. — Fête de Saint-Denis, patron de la paroisse de Brises.

Six musiciens, — un bugle, une clarinette, une contre-basse, un alto, un violon et le tambour municipal, — recrutés tant à Brises que dans les hameaux avoisinants, — constituent la fanfare qui, à la messe, ce matin, fit entendre les « meilleurs morceaux de son répertoire », cet après-midi offrira la brioche bénite aux notables du lieu, et ce soir, fera danser la jeunesse sur la place du Pilori.

Quelques mâts tricolores font flotter des drapeaux aux bouts des rues. Une demi-douzaine de forains ont installé leurs baraques devant la Mairie, tirs au Flobert, misérable manège de chevaux de bois, jeu de massacre et diseuse de bonne aventure... le nom, l'âge, la couleur des cheveux, les qualités et les défauts de celle qui vous aime... On ne paie qu'en sortant.

Vers une heure, au moment où mes amis et moi nous levons de table, éclate un air de rigodon sous les fenêtres de la salle à manger.

Deux minutes après, une quinzaine de jeunes gars, musique et bannière en tête, font irruption dans la salle-basse du donjon et escaladent les premières marches de l'escalier.

Je vais au-devant de cette tonitruante députation, que je fais pénétrer dans la salle à manger. Les cuivres se taisent, on m'offre une brioche.

Naturellement, tout ce monde a soif. On mobilise tous les verres. On trinque... Mon rôle de *donjonnier* m'incite à un court speetch.

Dieu me pardonne, je crois bien leur avoir parlé de saint Denis, leur patron...

« Un grand saint, mes amis... un très grand saint... La porte qu'il a encore à Paris en est la plus haute preuve !... »

— Bien tapé !... opine le porte-bannière ; et, l'un après l'autre, les cuivres reprennent le rigodon interrompu.

Il va sans dire qu'en saisissant la brioche, j'ai mis à découvert une sébille qui en disait long.

Ah ! les droits du Seigneur, moins folichons qu'il y a trois cents ans, sont devenus de singuliers devoirs.

Ils sont partis, les musiciens !

Sacrebleu ! mes cigares aussi !

Ce qui me console, c'est qu'avec le produit de

l'*hommage* de ses brioches, ce brave saint Denis va faire pocharder tous ces gars pendant trois jours et trois nuits.

Pourvu encore que ce soir ou demain, ils ne me bousculent point, par les rues, en m'appelant « *sale bourgeois !* »

. . . .

Samedi 19 décembre. — La neige !...
Tombée toute la nuit, ce matin elle recouvre presque entièrement la campagne.

Les grands arbres du parc, aux branches noirâtres et dénudées, brandies en longs bras de suppliciés, s'ourlent de blanc.

Je descends dans le parc. Une volée de pierrots, de mésanges et de pinsons, embusqués derrière les lourdes gargouilles, déguerpissent par dessus ma tête avec un grand piaillement et un long froufroulis d'ailes épeurées.

Seul, un roitelet agriffé le long d'un sapin, à deux mètres de terre, tend vers moi son bec effilé, avec un petit air défieur de gavroche. Il me considère sans bouger.

Je lève les yeux. Le donjon est superbe. Sa crénelure se découpe moins rude sous le ciel de plomb, arrondie, atténuée à ses angles, à ses à-plats d'un bourrelet de neige éclatante parmi la grisaille mélancolique du granit.

La tour de guet, haute, fine, allonge, au-dessus

des donjons, une étroite et ronde collerette d'hermine, et sa sveltesse de fille des steppes me rappelle joliment la vôtre, ma chère Maud, que je revois encore, l'hiver dernier, vêtue en circassienne et voletant sur la glace d'un Pôle-Nord à la mode, parmi d'exquises patineuses.

A travers les vitres de mon cabinet de travail où, vite je me réfugie, tous les toits de briques et de chaumes du village m'apparaissent ouatés.

Au loin, la campagne se déroule fantastiquement blanche, avec de-ci, de-là, la boursouflure d'une ferme ou de meules de fourrage.

Seules, les bois de Naulx, des Garennes obombrent l'horizon de grosses taches noirâtres, avec plutôt l'aspect d'effroyables gouffres dans le lointain du ciel blafard.

Sur la route de Gorges, roule une file de trois fardiers tirés par dix pesants percherons.

Derrière, suivant à pied, le charretier, le fouet à la l'épaule, la pipe aux dents, la tête à moitié disparue dans la casquette de fourrure, les mains aux poches, la blouse enflée par la brise, botté comme un soudard.

Après cela, plus un bruit.

La neige tombe toujours, lente, légère ;... des flocons volètent longtemps avant de s'arrêter à un toit, à un arbre ou sur la terre. Ils semblent jouer entre eux, muser à qui mieux mieux dans l'atmosphère engourdie, agonisante comme l'automne qui demain, paraît-il, sera météorologiquement (!) morte.

Pardon de ce dernier adverbe, ma bonne Maud. Il est bien long... Il m'a fait passer un moment.

Neuf heures moins cinq. — Du regard, je consulte les rues du village.

Est-il assez long, lui aussi, le facteur !

Eh ! bien oui, là, je vous l'avoue..., dans mon orgueilleux exil, je tiens encore à ce Paris du diable, par les journaux, les revues, les lettres d'amis que, chaque matin, blousé de bleu, guêtré de jaune, et armé de son bâton ferré, m'apporte le facteur rural, dans son large sac de cuir.

. . . .

Même jour, après-midi. — Le vent soudain levé du N.-O. balaie la neige en longues rafales, brutalise les arbres, dépouille les branches de leur fin ourlet, en casse quelques-unes au passage.

Décidément, c'est moins drôle que ce matin : ce bruit sec de branches mortes se cassant et dégringolant parmi les autres... la vieille cloche fêlée qui, dans le beffroi voisin, tinte le glas pour une pauvresse du village, morte tout à l'heure, un glas lourd, écrasant, sans vibrations au-dessus de cet immense édredon de neige, de plus en plus épais et dont, désormais, s'abolit à mes yeux attristés la vision d'hermine ou de plumes de colombes, pour se divulguer celle, plus banalement lamentable, de linceul.,...

Non, décidément, ma pauvre petite Maud, je ne me sens guère le cœur à badiner avec la mort... cependant que vous, peut-être, jolie insoucieuse, patinez avec l'amour, étourdissant votre mondaine après-midi dans ce Palais de Glace ou ce Pôle-Nord où je vous évoquais ce matin...

Ma foi, tant pis, j'abandonne, par la pensée, mon donjon enlinceulé, et je vole, je glisse, vos deux mains dans les miennes, m'évertuant sur la glace traîtresse à cette *carre*, à ce *huit* où je ne risque que le ridicule d'une chute, mais où Votre Grâce volte, vole et fuit et ne sait qu'être plus enjôleuse encore.

Mais je m'arrête, hors de la lice, pour vous mieux contempler, ma jolie, parmi les plus jolies, et mon cœur vous rimaille pour toutes :

Vite ou furtives, à loisir,
Glissez, légères patineuses,
Sylphides mièvres et glaneuses
De la Tendresse et du Désir.

Blondes, brunes, toutes jolies,
En la fourrure et les satins,
Volez sur l'aile des patins,
Les yeux endiablés de folies.

Hâtez ou lentissez le pas,
Très enjôleuses, très gamines,
Très roses emmi vos hermines,
Glissez, Belles, n'appuyez pas !...

La carre... votre pied se lève,
Prêt aux subtils contours du huit,
Puis votre grâce au loin s'enfuit
Comme un rayon ou comme un rêve.

Et mon âme, tout en langueur,
Vous exalte et vous poétise,
Mais mon regard de convoitise
Glisse incompris sur votre cœur.

Lors, fougueux, chevauchant Pégase,
Je vous pourchasse audacieux,
Grisé du parfum captieux
Monté de vous comme une extase.

. . . .

Lundi 21 *décembre.* — Une matinée de printemps.

Sous les rayons d'un soleil de résurrection, irradié parmi le bleu très tendre, — un bleu magnifique, estompé de mauve aux lointains, — les toits constellés de givre, les murs des maisons, les routes elles-mêmes éclatent d'une candeur presque cruelle, tandis que, par la campagne, les prés, les champs labourés, les arbres ont repris leurs teintes coutumières.

Au-dessus des collines de Frileuse, s'élève, du fouillis de guipure éternellement verte des sapins, une buée d'une pâleur zinzoline, — violette atténuée de roseurs imprécises, — une buée diaphane, légère comme un nuage de poudre de riz qui flotterait autour des cheveux d'une Marquise...

. . . .

Après déjeuner, tout en fumant ma coutumière bonne pipe de Tolède — *tabacos et aguardiente, sénor !* — et de gentilhomme-campagnard, dans le parc du donjon, j'ai brûlé quelques cartouches bourrées de grenaille, à l'adresse de pierrots et de pies.

C'est ainsi que, presque quotidiennement, j'entretiens ma main et mon œil de tireur qui, dans un mois, chassera la gazelle, le sanglier et la panthère de Tunisie. Je fais mon petit Tartarin, té !

Forfanterie à part, et sans vouloir éclipser Ira Paine, je suis en droit d'apprécier mon adresse.

Après trois ou quatre cartouches, tous les oiseaux ayant déserté les arbres du parc, j'ai fait une incursion dans le jardin du père Rufian, un de mes voisins.

Le père Rufian est un brave agriculteur dont j'ai conquis les bonnes grâces et avec qui, désormais, j'ai l'heur de fraterniser.

Il n'est évidemment plus jeune, sans pour cela paraître très vieux. Son visage glabre, bon enfant, ratatiné, hâlé, ridé par le travail des champs, ne précise aucun âge.

Justement, je l'entends scier du bois dans sa grange. Son chien, qui m'a flairé et aperçoit ma carabine, accourt à ma rencontre et m'accueille avec force gambades et joyeux abois.

Penché en avant, les deux mains à la scie, un pied sur la bûche à califourchon sur le double X de la chevrette, le père Rufian prépare sa provision de bois à brûler.

Avec lui la conversation vite s' « emmanche » comme il dit. Il est vrai qu'il en a toujours une bonne à vous conter. Levant, par hasard, les yeux au plafond de la grange, j'aperçois sur une des poutres transversales, parmi la poussière et les toiles d'araignées, une croix tracée à la craie, et déjà en partie effacée. Je ne sais pourquoi, — par désœuvrement, sans doute, — ma curiosité s'accroche à ce signe et me fait interroger à son sujet, le paysan, toujours courbé sur sa besogne.

A ma question, le père Rufian interrompt le va-et-vient de son bras. Il fixe sur moi ses deux petits yeux gris, luisants comme une paire de faucilles. Puis, il prend un air de gravité qui m'intrigue davantage et, après une pause, se décide à me conter :

— Ça, voyez-vous, mon bon Monsieur, c'est une ben méchante souv'nance.

Ça date du passage des Prussiens dans le pays, et en marche sur Paris.

Depuis huit jours, nous attendions les troupes

du Prince Frédérick-Charles. Naturellement, j'avions comme les autres, pris nos précautions en conséquence.

Mon argenterie, ma montre, la bague et le bracelet de ma défunte femme étaient enfouis à deux pieds sous terre, au fond de mon jardin.

Quant à mes économies, cinq mille francs, — cinq beaux billets bleus — j'avions trouvé malin de les envelopper dans une serviette bien propre et de les fourrer là-haut, sur cette poutre, dans un creux qui s'y trouvait.

Du diable s'ils iront les quérir là, pensai-je, heureux de mon idée...

Un matin du mois d'octobre, un peloton de hulans débouche au grand galop sur la place du Poutil.

L'officier qui les commandait fait venir le maire, et ordonne de préparer le logement et les vivres pour trois régiments de Bavarois et de Silésiens.

Deux heures après, le village de Brises était envahi par une véritable armée.

Pour ma part, j'avions à loger quatre-vingts hommes et deux officiers.

Ce que j'devions reconnaître, par exemple, c'est que mon lit me fut laissé et que, jusqu'au lendemain, à l'heure du départ, ils se conduisirent chez moi le plus honnêtement du monde.

Ils n'oublièrent même point de rapporter dans la grange toutes les bottes de paille sur lesquelles ils avaient couché, et de balayer ma maison du haut en bas. Le lendemain, un bataillon seul demeura dans le village et j'eus à héberger encore trois fantassins de Silésie. Le plus jeune devait avoir une vingtaine d'années ; les deux autres avaient au moins trente-cinq ans.

Vers six heures du soir, ils rentrèrent avec quelques provisions que leur intendance venait de leur distribuer. Moi, j'n'avions pas une croûte de pain dans la huche. Ils s'installèrent devant la cheminée de ma cuisine, et préparèrent, dans ma plus grande marmite, une soupe aux choux complétée d'un énorme morceau de lard.

Ils dressèrent le couvert et... j'devions ben l'avouer, mirent quatre assiettes sur la table, puis très simplement, ils me firent signe de m'asseoir avec eux.

Ma foi, j'avions l'estomac aux semelles depuis la veille et j'acceptions sans me faire prier, en me murmurant pour apaiser ma conscience :

— Autant de bouchées que les Alboches n'auront point.

Un sous-officier apporta une lettre à l'un des trois hommes, le plus âgé me semblait-il.

Le soldat eut un geste de joie, et éclata d'un gros rire en tournant et retournant la missive dans ses doigts. Il baragouina quelques mots aux deux autres. Le plus jeune prit la lettre, l'ouvrit et la lut à haute voix. Bien entendu, j'avions point de mérite à baisser le nez dans mon assiette et à faire le discret... j'comprenions point un mot de la lecture.

Quand ce fut fini, je relevai la tête. Le soldat à qui était adressée la lettre était devenu tout pâle..., puis il rougit, et du revers de sa grosse main, il s'essuya les yeux.

Un des deux autres s'efforça de me mettre au courant de ce petit drame silencieux.

Il me bredouilla :

— Matame... il a une Matame... là-bas... Et abaissant une de ses mains à niveau de ses bottes.

— Et les bétits... quatre bétits Kind... mal'reux...

J'avions compris. Quelque chose me serra à la gorge ; j'pensions plus que c'tions là trois Prussiens, trois ennemis ; je n'pensions plus qu'à la pauv'femme, là-bas, avec les quatre mioches... malheureux, attendant leur père.

J'pris mon verre pour boire un coup et noyer la pitié qui m'étranglait... et, au moment où j'allais tremper mes lèvres dans le vin, j'n'savions comment qu'ça se fit, mais quéque chose de plus fort que moi me fit tendre le bras avec mon verre au bout et le choquer contre celui du soldat qui essuyait ses larmes sans rien dire, et j'bégayons :

— A la santé de votre... madame et des p'tits... des Kind...

— Danke !... Danke !... s'écria-t-il, sanglotant alors tout son soûl.

Et jusqu'à l'heure où, sur la place, les fifres et les tambours sonnèrent et battirent le couvre-feu, nous demeurâmes tous quatre, assis autour de l'âtre, tête baissée, sans plus souffler mot.

— Ah ! la guerre n'tion douce à personne... à personne parmi ceux à qui on la fait faire... conclut le père Rufian en hochant la tête, et reprenant sa scie.

J'avions souvent pensé à nos pauv'diables, à nous, qui n'en sont jamais revenus de celle-là ; mais chaque fois, je n'ai pu oublier, ce soldat silésien, ce père pleurant tout bas, à des milliers de lieues de son village, ici, dans ce coin de chaumière d'un paysan de France...

Quand l'amertume de cette évocation se fut un peu dissipée, je repris :

— Et cette croix, là-haut, père Rufian ? Et vos cinq beaux billets de mille ?

Le brave homme leva sur moi deux yeux furibonds et d'une voix rauque me jeta :

— Quand la guerre fut finie, je grimpai à la cachette... et de mes cinq billets, Monsieur, de mes cinq beaux billets, je ne trouvions plus que des miettes, une vingtaine de bribes de papier, parmi des centaines de petites crottes noires, dans la serviette à peine dépliée, à peine effilochée.

Et tandis que moi j'avions vécu avec quelques sous par jour, les rats avaient mangé mes cinq mille francs !

. . . .

*— Tantôt sont passées deux petites sœurs grises, qui, arrêtées au bas du perron, côte à côte, cornettes basses, laissant flotter leur rosaire aux chocs secs de cliquettes, ont balbutié je ne sais quoi, la main demi-tendue.

Sans répondre d'abord, j'ai regardé les deux petites sœurs grises, à grandes cornettes blanches, dont les retombées d'ailes tremblotaient d'un imperceptible frisson sous le souffle humble et doux de la supplique.

Et ce ne fut que lorsque les deux saintes mendiantes se risquèrent à redresser un tantet leurs fronts, que je répondis je ne sais quoi et mis la main à la poche.

L'une des petites sœurs était vieille, l'autre pouvait avoir vingt ans... vingt ans, et elle me parut fine et jolie comme le doivent être les anges.

Elle seule osa lever son regard sur moi. Et je crus voir dans ce beau grand regard de mélancolie très douce, éclore la lueur d'un sourire qui se refléta agonisant, — si furtif hélas ! — sur deux lèvres très roses... roses comme les vôtres, ma Maudette, mais moins prodigues de leurs charmes...

Et, les yeux fixés sur l'agonie de ce sourire, comme sur la détresse muette d'un adieu, j'ai tendu mon offrande à la plus vieille.

Et j'ai senti que celle à qui je n'offrais rien me prenait davantage, lorsque, côte à côte, et front bas, laissant flotter leurs rosaires aux chocs secs de cliquettes, elles sont parties lentement, humblement, les deux petites sœurs grises aux cornettes blanches...

. . . .

★ ... Encore une de mes fantaisies.....

Je viens de choisir la chambre du donjon la plus haute, la plus petite, ancienne cabine du guet, au-dessous de la grande tour du veilleur à l'olifant, et percée, sur la campagne, d'une fenêtre meurtrière, et de la faire transformer en mignonne chambrette rose, toute rose, fraîche et claire et rieuse comme un retroussis de coquillage, une grotte de nymphe, un premier baiser de soleil sur l'éblouissance blanche d'un glacier.

C'est dans cette pièce aux murailles de grès, froides et grises, que se tenait, sans doute, l'officier commandant les forces du donjon, ces forces qui, en temps d'alarme, se composaient de vingt hommes ainsi postés :

Huit arbalétriers aux deux étages inférieurs, servant les seize meurtrières ; un servant-auxiliaire à chaque étage, deux servants au machicoulis, huit arbalétriers dans les *hourds* ou aux échauguettes. Un capitaine de tour.

Ces vingt hommes, assurent les chroniqueurs, suffisaient pour soutenir et repousser les plus sérieuses attaques.

Leur défense la plus efficace s'effectuait au

moyen des armes de jet, dont les projectiles divergeant, de plein front, portaient jusqu'à un rayon de 60 à 80 mètres...

Et puis, ce que ça doit vous indifférer, ces histoires-là, ma jolie Maud!..., vous qui, de tour, ne connaissez que celle d'ivoire dans laquelle vous veut captiver ma tendresse... de meurtrières, que les jalousies que vous causez,... et d'armes de jet que... Sapristi! que c'est donc exquis ce coin de rose anachronisme dans ce domaine moyen-âgeux, tapissé à l'intérieur de cuir de Cordoue et de papyrus broché gris-fer avec, par places, l'éclat atténué, mais encore héroïque, de larges reflets de métal.

C'est un sourire de volubilis parmi la mousse noirâtre, la vétusté mélancolique d'une courtine démantelée.

Et c'est pour vous, chère Absente, que se métamorphosa la chambrette... C'est votre image et votre parfum, c'est votre évocation de rieuse jolie qui, désormais, flottent dans son atmosphère de songe et de couleur et de buée frêle et fine ainsi qu'un nuage vaporisé de poudre-veloutine. Et c'est pour vous encore, ô ma Lointaine, pour vous que, sur le mur, comme sur un pétale, j'ai dessiné, hâtif, ce pastel amoureux :

Dans la chambrette rose,
Belle si blanche, Douce si rose,
Je vous rêve endormie..

Dormez, mon Cœur, dormez, ma Mie...

Et telle, vous semblez quelque rose trémière
Ou même, éclaboussé d'aurorale lumière,
Quelque Saxe mignard, en une bonbonnière...
Par les parfums de lys, de ciste et d'ancolie,
Par les soirs de caresse et de mélancolie,
   Je vous rêve endormie.....

Dormez, mon Cœur, dormez, ma Mie...

Au tréfonds saccagé des griseurs de mon âme,
Vous surgissez ainsi qu'une très rose flamme,
Un éclat de printemps, un sourire de joie...
Lors, il faut qu'un instant je sourie et je croie
Et que mon lamento tourne à l'épithalame.

 De grâce !... encore un peu, pour un peu d'accalmie,
   Dans la chambrette rose,
  Belle si blanche, Douce si rose,

  Dormez, mon Cœur, dormez, ma Mie !.....

. . . .

Nuit de Noël. — C'est bien fait pour moi ! Cédant aux exhortations de quelques invétérés réveillonneux, j'ai planté là le donjon pour faire acte de présence au Cabaret, où je me savais attendu. Ça ne fut évidemment pas plus drôle qu'autre chose : des fusées de plus ou moins bons mots, des fusées de rires de soupeuses émoustillées, des éclats bêtes de grosses gaîtés masculines et de bouchons de champagne.

Vers le petit jour, je me surpris soudain à songer à tout autre chose qu'à ce qui m'entourait.

Je m'imaginais, non sans une mélancolie de regret, à cette messe de minuit très humble, à laquelle j'aurais pu assister là-bas, à vingt mètres du donjon, dans l'église rustique au vieux clocher roman, emplie de voix fraîches de fillettes et de jeunes gars, de voix de cantiques montant, sur l'accompagnement grelotteux d'un pauvre harmonium et s'évanouissant par le mystère assombri des voûtes.

Pas si chic, en effet, Maud, que vos minuits de Saint-Sulpice, de Notre-Dame, de Saint-Roch et d'ailleurs, de vos minuits mondains, façons de soirées mystiques où, après les chanteurs de Saint-Gervais ou M. X... de l'Opéra, et deux doigts de flirt au tournant d'un pilier, il ne manque, tout au plus, que le tour de valse et de buffet.

Il est vrai, qu'en l'occurrence, Maxim's est le païen corollaire du R. Prédicateur à la mode.

..... « *Minuit Chrétiens!..,* » Il n'est point jusqu'aux bas-beuglants qui, cette nuit, n'aient servi à leur clientèle, par-dessus la cerise à l'eau-de-vie et par l'organe du baryton de la troupe, les deux couplets de cette *Marseillaise* catholique.

. . . .

Jour de Noël. — Je viens de me réveiller. Deux

heures de l'après-midi... Un mal aux cheveux, brrr ! ! Décidément, c'est bien fait pour moi.

. . . .

* ... Un Paris boueux, gris, moisi, au ciel blafard, sale, encanaillé, pareil à un fêtard ramassé par les sergots, sur un banc public, à l'aube, après une nuit de pâles ripailles.

Sur les trottoirs, s'entrecroise une cohue crottée, chargée de paquets, se hâtant, tête basse, avec plutôt l'air de porter des couronnes funéraires que des joujoux et des bonbons.

Les fournisseurs, les garçons de café, les concierges et toute la clique mendigote de cette époque de l'année, s'évertuent seuls à des sourires, à des obséquiosités d'une inaccoutumance inquiétante.

. . . .

* ... Vite, ma cantine de sous-lieutenant et ma valise. Tenue de voyage, tenue de ville, smocking, complet de flanelle, culottes et bottes, mon maquila, ma carabine, mon linge et mes objets de toilette... J'ai juste le temps de dîner, puis de sauter dans le rapide du soir, à la gare de Lyon.

Charmant ! Mon départ coïncide avec la semaine des vacances. Le train est bondé. Je passe ma nuit, debout, arpentant dans toute leur longueur des couloirs intérieurs des wagons. Je ne suis pas le seul... Ça gêne un peu ma marche, mais ça me console.

On fume. Après Lyon, je conquiers un compartiment entier. Je m'étends et m'endors jusqu'à Marseille...

Réveil... Effarement presque égal à ma courbature.

Mes membres sont encore brisés par quatre journées de courses à travers Paris. Mes yeux enfumés de son brouillard, éclaboussés de sa fange, se rouvrent, aveuglés, sur une fantastique irradiation de lumière bleue et de pluie d'or.

Cette explosion de merveille — quoique déjà connue — m'impressionne aussi vivement qu'à la première fois.

C'est une fête des yeux que cet épanouissement d'une nature déjà vue, espérée et toujours émerveillante, avec, d'une part, ses montagnes aux verdures ondoyantes sur le lapis-lazuli du ciel, et, ailleurs, la Méditerranée aux vastes enchâssures d'émeraudes et d'améthystes, aux lointains glauques engazés de vapeurs à peine roses où se détachent infléchies, légères, en longues ailes d'oiseaux de mer, les voiles blanches des pêcheurs de la côte et, où, par endroits, s'allume furtif, livide, en zig-zag d'acier, l'éclair d'une vague accrochant un rayon de soleil.

. . . .

1er janvier 1897. — Marseille... Massalia la Gauloise, l'antique perle de la côte ligure, une des plus belles conquêtes des Phocéens, ces anglochapardeurs d'Ionie... Marseille d'aujourd'hui, avec sa Cannebière dont un côté n'est qu'une enfilade resplendissante de cafés, son Port-Vieux qui me parut toujours sa partie la plus pittoresque... le Port-Vieux et son bassin aux eaux violâtres, léprosées d'immondices dans l'intervalle des gros voiliers, des baleinières, des vapeurs d'excursions, des canots et des balancelles; son ciel strié de mâtures, de vergues et de cordages... Me voici donc à Marseille, sur ce premier quai, grouillant d'une foule indescriptible, hétéroclite, cosmopolite de matelots, de bateliers, d'écumeurs de port, haillonneux, vermineux,... de femelles à la dégaîne, au débraillé déconcertants et de marmaille sordide et batailleuse. C'est le vieux port et ses hautes ruelles adjacentes, boyaux immondes de repaires et de lupanars, d'innombrables caboulots vomissant par leurs baies ouvertes des bouffées de fumée âcre, des lambeaux de phrases en tous jargons, des relents de marée, d'ail et d'absinthe...

C'est Marseille, enfin, Marseille aux spécialités de bouillabaisse et de linge en lessive séchant aux fenêtres des plus belles maisons et, sous les coups du mistral, battant pavillon du Sans-Gêne et de la Saleté méridionale.

Et, tout au bout, après le contour du fort Saint-Jean, c'est la Joliette, où sont ancrés les grands paquebots au long cours... la Joliette et ses râles stridents de machines sous pression, ses fracas de chèvres à vapeur opérant le chargement ou le déchargement des navires, ses passagers à l'assaut des pontons, ses douaniers affairés et, ainsi que sur l'autre quai, son grouillement de foule, de foule moins oisive, de silhouettes et de loques dont, ici, la sordidité moins cynique, emprunte je ne sais quel vague symbolisme au décor, se rassérène par je ne sais quelle évocation de lointains merveilleux, ensoleillés, d'orients fastueux et polychromes, d'ors byzantins, de perspectives toutes blanches, d'infinis azurs, de pourpres fantastiques et de nuits bleuâtres endiamantées d'étoiles, de ces nuits molles, affraîchies par la brise du large traîneuse des relents d'algues, de citronniers et de tamaris...

. . . .

Samedi 9 janvier. — Embarqué ce soir à bord du transatlantique « La Ville de Rome », nous franchissons, vers cinq heures, le goulet de la Joliette, puis, à droite les évocatrices Monte-Cristades du château d'If, et à gauche, la masse du fort Saint-Nicolas surmontée, en second plan, de la basilique et de la Vierge de Notre-Dame de la Garde.

A six heures, malgré le roulis de plus en plus fort, je fais encore le gaillard sur celui d'arrière. A six heures trente, les premiers coups de tangage me suggèrent l'idée de regagner ma cabine et de considérer de plus près le petit récipient accroché au chevet de ma couchette.

La cloche du maître d'hôtel s'évertue parmi le vacarme de la mer de plus en plus grosse...

Ce soir j'ai failli dîner.

. . . .

Dimanche 10. — Une mer d'améthyste, à peine frissonnante de houles. Journée magnifique, passée toute sur le pont.

Nous longeons les côtes de Sardaigne, tristes, dénudées, pelées, arrondies comme des dos de mammouths. Pas un arbre, pas une habitation.

A peine, de loin en loin, une toile de pêcheur, louvoyant le long de la côte, infléchie sous la brise fraîche que nous-mêmes avons debout.

Le soir, dîner très gai. Je suis assis à la gauche du commandant qui, apprenant mes velléités de chasse, m'offre l'adresse de la dernière panthère encore vivante en Tunisie.

Nous finissons la soirée au fumoir où le médecin du bord, ex-étudiant de neuvième année, qui connaît le *Quartier* mieux que moi, nous en conte quelques bonnes.

. . . .

*Même nuit, à bord de « La Ville de Rome »,
2 heures du matin.*

Las de tourner et de retourner dans ma couchette, un indéfinissable énervement, de me sentir oppressé par l'atmosphère chaude de ma cabine, écœuré un peu par les relents d'huile surchauffée, qu'exhale la machine, agacé par les hoquets sourds, saccadés des pistons, le roulement de l'hélice qu'on prendrait pour les ébats affolés de quelque gigantesque volatile prisonnier sous le plancher du salon des premières, je renonce à mon assoupissement fiévreux, pour me lever et me rhabiller tant bien que mal.

A demi-éveillé, j'accède sur le pont, désert à cette heure.

Seuls, dans la mâture, les fanaux verts et rouges réglementaires piquent leurs lueurs sur le ciel bas, ouaté de gros nuages, parmi lesquels s'emmitoufle et disparaît la lune.

Un vent frais, saturé de sel, souffle à tribord.

Sur la passerelle, contre la cheminée des machines, la silhouette encapuchonnée de l'officier de quart, passe et repasse d'un mouvement accéléré, à peine interrompu, d'instant en instant, par un court arrêt devant le compas ou auprès du timonier.

Le bateau s'avance dans la nuit, léviathan impassible, parmi la bousculade des vagues, bête essoufflée, aux flancs tressautants, haletante, anxieuse d'arriver sauve au terme de sa course.

Dans le vacarme incessant des chaudières et des flots, les craquements de la mâture forçant ses étais, la chanson du vent dans les vergues et les filins, le froufroulis du loch aux petites ailes folles, attaché à l'arrière, domine par instants le grincement long, irritant des chaînes du gouvernail manœuvrant le long des rigoles de bâbord et de tribord qui ourlent le pont.

Altéré de fraîcheur, je vais m'accouder sur le bastingage du lof, je baigne ma tête brûlante en pleine brise, au-dessus des flots d'un glauque sinistre où, par les hublots des cabines éclairées, tombent en longues dentelures, des reflets rougeâtres.

Là-bas, à l'avant, le bout-dehors du beaupré s'enfonce dans la nuit, tel un dard de monstre échappé. A gauche et à droite, tentacules recourbés vers la mer, prêts à saisir la proie, les bossoirs retenant les ancres dont les câbles-chaînes s'engloutissent dans les flancs du bateau, par l'orifice béant des écubiers.

Le vent tombe un peu. Mais la chevauchée des vagues continue de se briser avec autant de fracas contre la coque. Presque plus de tangage, à peine un roulis doux, lent,... un rythme de berceuse.

Et c'est bien une berceuse aussi, un air attendri de berceuse dont s'enjôle mon âme.

Parmi l'éclat de cuivres et de tympanons, monté

des vagues, gazouille, chantonne, prédomine cet air doux de berceuse, ainsi qu'un fifrelis de hautbois, un sanglot long de violoncelle dans une symphonie barbare à multueux orchestre.

Et sur ce chant de berceuse, papillonnent des mots, voltigent puis s'alanguissent des vers, soudain surgis de ma mémoire, ces vers du plus douloureusement beau des poètes :

> *Mon enfant, ma sœur,*
> *Songe à la douceur*
> *D'aller là-bas vivre ensemble !*

C'est vous, Maud, vous, ma Lointaine, que j'évoque... ou plutôt, c'est beaucoup de vous, un peu aussi de bien d'autres... C'est votre âme, votre petite âme frêle et futile, compliquée du mélange composite, délicieusement insensé de parcelles d'autres petites âmes plus frêles et plus futiles encore. C'est un être de rêve et de mélancolie, un être d'irréel et d'extase,

> *Que m'importe que tu sois sage ?*
> *Sois belle ! et sois triste !...*

une fleur pâle de souffrance et de volupté, une amante de folies et de calvaires, une sœur de mansuétude et de réespérance.....

Tout cela, j'évoque,... et plus encore, que je ne sais définir, que je conçois à peine et dont le désir m'est tourment.

La berceuse mystique, voix de vierge ou de séraphin, me hante et m'enveloppe et m'oppresse et se fait plus douce et plus attendrie et plus désespérément enjôleuse, flottant, frêle et chimérique au-dessus de l'effroyable fracas de cuivres et de tympanons rugissants et grondants, sous les dômes sonores, écumeux des flots glauques.

O là-bas irréels ! illusoires là-bas de vie ensemble !

Maud, je vous voudrais tant ici, sur mon cœur, à cette minute. Il me semble que ce *là-bas* serait alors si près de nous !

Je vous vois, pourtant, dans un des reflets rougeâtres ardant du bateau dans les vagues...

Non, non... je vous sens plus près encore, là, à mon côté, votre jolie tête mutine se penche, comme la mienne, dans la nuit... et la soudaine éclaboussure de lame pulvérisée dont la brise me soufflette un côté du visage, me semble maintenant la frôlée séditieuse et parfumée de vos boucles en folie.

Oh ! Maud ! Maud ! de quelle voix de persuasion et de caresse, je vous redis alors, tout haut, sur ce chant de berceuse encore plus attendrie, toujours plus charmeresse, au-dessus du hourvari diabolique des flots épouvantant les ténèbres :

> *Mon enfant, ma sœur,*
> *Songe à la douceur*
> *D'aller là-bas, vivre ensemble.....*

. . . .

Lundi 11 janvier. — Quatre heures du matin. Nous entrons dans le chenal du lac Bahira. Le bateau semble stopper. Je saute à bas de mon cadre, m'habille à la hâte et regrimpe sur le pont. A notre droite, je distingue, estompé suivant un lointain de brumes violacées, les blancheurs de Sidi-bou-Saïd, de Carthage et du Kram, ondulant jusqu'à la Goulette, que nous cotoyons.

Sur ce dernier quai, des forçats indigènes, enchaînés au pied, deux par deux, exécutent sous la férule d'un chaouch, une manœuvre au cabestan.

Le paquebot parcourt à vitesse ralentie les douze kilomètres qui nous séparent de Tunis. Nous croisons des barques de pêche. Des feux verts et rouges jalonnent la route. Des voix incompréhensibles, rauques, nous interpellent dans l'ombre peu à peu éclaircie. A bord, tout l'équipage vaque à la manœuvre. Les machines frelonnent. L'hélice s'évertue, sonore, dans l'eau morte du chenal.

La brise matutinale me pénètre jusqu'aux os.

Je retourne me jeter, tout habillé, sur ma couchette...

Une heure après, environ, un éclat de voix me fait redresser sur mon séant et cogner le front au cadre supérieur.

Mes yeux écarquillés aperçoivent, devant la porte repoussée de ma cabine, le spécimen d'Arabe le plus ignoblement beau qu'on puisse imaginer.

Son visage, vigoureuse sépia encadrée par le

relativement blanc capuchon du burnous, est déchiré d'un sourire vaste, épanoui sur un clavier digne des vitrines du Louvre-Dentaire.

Les bras tendus vers moi, il m'implore avec les inflexions de voix, les mines enfantines, persuasives dont les Maures font si aisément usage pour attendrir les chiens de Roumis :

— Sidi !... Sidi-Kébir !... Moi porté bagaches !... Sidi, moi bon cam'rade, moi bon bicquot, besef intelligint, macache volir !...

. . . .

Cinq heures du matin... Sur le pont, les manœuvres d'accostage terminées, on procède avec ardeur à celles du débarquement.

Des bandes dépenaillées d'Arabes, de mauricauds, encombrent les écoutilles, y agrippent les passagers. Par la coupée de bâbord, des colporteurs, des garçons d'hôtel, des interprètes se bousculent à l'assaut du navire, appréhendent les débarquants, les ahurissent d'offres en tous idiomes, leur arrachent des mains les petits colis, leur hurlent en pleine figure des noms d'hôtel et de maisons recommandées, les poussent, les font s'engloutir dans les omnibus *ad hoc*, qui, portière bée, guettent cette provende.

Au Levant, des bandeaux de pourpre endiadèment l'horizon.

Le soleil s'érige avec des lenteurs de Sacre.

Il reflète parmi le clapotis du Lac, de tremblotantes franges de feu grégeois.

Sur une hauteur prochaine, en la brume moins violacée du matin, le bleu-héliotrope du ciel, se découpent les créneaux d'un bordj, s'arrondit la croupe blanche d'un marabout.

Certes, le panorama d'arrivée ne vaut point celui d'Alger. Il y manque la perspective de toits plats, accrochés en estrade, et le port encombré de navires.

Eh! quoi, viendrais-je de m'ancrer à une désillusion après quarante-deux heures de sarabande en mer?...

Dans le vacarme des chaînes, des treuils, de la machine agonisante, du déchargement des marchandises, je serre à la hâte quelques mains sympathiques et quitte le bord...

. . . .

★ Tunisium, Thunetum, Thunes et Tunis....,
Bedeacker m'affirme que ce fut une colonie phénicienne dont la fondation est antérieure à celle de Rome et contemporaine de celle de Carthage, de qui, durant des siècles, elle suivit la fortune.....
Moi, je veux bien...

Le Quartier européen... Rien de particulier.

Aspect d'une honnête sous-préfecture aux calmes avenues plantées d'arbres, aux rues suffisamment proprettes, bordées de maisons neuves, à un ou deux étages, construites à la hâte, sans style, sans grâce, au fur et à mesure de sa prospérité.

Et, franchement, si ce n'était la note exotique des costumes, les voix étrangères, le défilé de chameaux chargés de dattes du Djerid, de poteries, de légumes de Nabeul, de piments d'Hammamet, d'oranges, de bananes, de citrons et de grenades, le passage d'une mouckère vêtue de blanc et masquée de noir, le coup d'œil de Brives-la-Gaillarde ou de Crétinville serait une fois de plus phototypié.

. . . .

* « Paris sous la neige »... Le câble de ce matin nous apporte la nouvelle.

Je me répète ces quatre mots, en arpentant l'avenue de France, le long des arcades, les bras au dos, en flâneur, les épaules haussées, courbées un peu sous la douche d'un soleil d'été.

La vision du Paris figé dans la neige, s'esquisse, puis se précise en moi, compliquée d'un bien-être intime, d'une satisfaction égoïste.

Le bien-être du coin de feu, l'âtre flambant, gai, du lit moelleux et chaud durant les coups de rafale du dehors, la tombée interminablement veule des flocons blancs, derrière les vitres embuées, pleurant de longues larmes.... La joie, aussi, la joie de sentir enfin, radicalement aboli, le dernier, l'indéfinissable et lancinant regret du Boulevard et des Premières.

Et, je le sens, je l'avoue, depuis mon arrivée ici, je flue à une sorte de torpeur très douce, de paresseuse, de jouisseuse prostration.

Tout ce printemps lointain conquis sur nos frimas de France, m'éprend, m'ensorcelle, m'anéantit délicieusement,... et me défend l'effort, m'abrège le souci, me simplifie, inanise les complications de désirs et de fièvres d'une coutumière existence.

C'est un philtre d'apaisement instillé dans mes veines, c'est le reflet, dans mon âme de névrose, de tout le bleu de ce ciel d'Afrique, de l'imperturbable flegme, de la contemplative roideur de ces fils du désert, accroupis à terre et fumant le kif, savourant le kaouah ou traînant le silencieux défi de leurs loques barbares le long de nos rues de conquête et de civilisation, derrière leurs dromadaires au pas lourd et rythmé comme un tamtamarre de darboucka.

Il semble qu'en mon sang se soit infusé une morphine composite, aux principes stupéfiants, aphrodisiaques, enjôlant, éperdant mon cerveau, de caresses et de vertige, ainsi qu'un breuvage de démon-sybarite, mélange combiné de vins blonds d'Asti et de Syracuse, de vin rose de Carthage et de Chianti et de vins noirs et épais de Mythilène-la-Damnée.

Et ma volonté, lentement, se dilue et mon énergie s'édulcore,... se fait lâche... C'est, au plus, si ma pensée se hasarde au-delà de ces lointains montagneux embéguinés d'opale et, tels ces grands déguenillés aux voix brèves et rudes, aux sauvages profils, aux gestes lents de fatalité et de résignation, traînant leurs babouches et coudoyant, au long des trottoirs, nos orgueils en veston et nos scepticismes élégants, telle, mon âme, au long de sa route nouvelle, mon âme étonnée et point curieuse, va, traînant comme des babouches ses lassitudes de Béate.

. . . .

*** Chaque matin, de onze heures à midi, bain de soleil sur la terrasse du Grand Café de l'Avenue de France.

C'est aussi, trois fois par semaine, l'instant où, à la hâte, on dépouille le courrier frais débarqué, on saccage les paquets de journaux parisiens, vieux de trois ou quatre jours.

Dans l'intervalle des courriers, on se rabat sur les feuilles locales extravasant leurs potins de Landerneau.

On essuie l'assaut des mercantis arabes, juifs et indiens armés de poignards kabyles, de mouckalas, de tromblons touaregs, et surchargés de camelote exotique.

Parmi ces mercantis, se distingue Salem, un superbe nègre à barbe grise dont le visage et les mains, parmi la blancheur du burnous, semblent d'énormes éclaboussures d'encre sur une muraille, Salem qui, aux acheteurs récalcitrants ronchonne entre le double éclat de ses dents luisantes : « Pas sérious, Sidi ! pas sérious ! »

Le soir, à l'heure fraîche, on s'installe à l'intérieur du café où, las de feuilleter d'innomables illustrés, on s'abîme dans l'observation des têtes d'habitués, manilleurs, tripatouilleurs de dominos, fracasseurs de jacquet : binettes de vieux retraités, figures de colons et têtes de bois,.. sans compter toutes celles cachetées de rouge, têtes de turcs contemplatives ou abêties devant d'épaisses absinthes ou de diaphanes eaux sucrées.

Après dîner, juste en face, le théâtre vous fait signe avec son entrée — que, le premier soir, je pris pour celle d'un bureau d'omnibus — où quelques becs-réclame flamboient d'un éclat parallèle à la célébrité des auteurs de son répertoire.

L'affiche du spectacle fluctue de l'Ohnet au Decourcelle avec escale éventuelle au Sardou.

Les Tunisiens sont un peuple heureux. Ils aiment les histoires.

. . . .

*** Des hauteurs du *Belvedère*, où me conduit ma première excursion à cheval, j'admire, ce matin, le merveilleux panorama de Tunis, de Tunis la Blanche, la Sainte, de Tunis-le-Burnous-du-Prophète, accroupie au fond du Golfe, sur un isthme, entre ses deux lacs, le Boghaz et le Sedjoumi.

C'est une éblouissance de blancheur, une féerie de porphyre, une orgie de céruse, cruelles sous le déluge de cuivre fondu s'abattant des cieux et s'éclaboussant sur les terrasses, sur les minarets et les marabouts, en aveuglantes cataractes.

Et tout cela descend en pente douce, très douce, se résolvant en les constructions dominantes de la Casba, sa Citadelle et de Dar-el-Bey, son palais.

La ceinture fortifiée de la cité arabe se découpe très nettement, avec l'architecture mauresque de ses huit portes.

Sur trois hauts mamelons circumvoisins, le Bordj-Felfel, le Bordj-el-Andalous et le Bordj-Sidi-ben-Alassen, érigent un complément d'illusoire défense.

Et, entre l'émeraude du lac Bahira, et la topaze du Sedjoumi, — ce dernier, le Lac-Salé, incite à mes yeux, tant par ses rives que par son miroir, l'image sainte et splendide d'un coin de Palestine, image hallucinée de paysage inconnu et pourtant pressenti, deviné en les fictions de mon âme d'aventure, — cette longue nappe, tourmentée de blancheurs éclatantes, cette perspective de toits plats, avec, par places, les rondeurs de marabouts, impudentes comme des croupes de mouckères, les tours de mosquées, fines, élancées, peintes en bleu-pâle, dentelées de minuscules créneaux et surmontées de la boule et du Croissant symbolique, tout cela divulgue bien la vision classique, la vision blanche et bleue d'une cité d'Orient, d'une blanche et bleue fille du Prophète, enlanguissant, son nonchaloir fataliste et sa grâce d'Almée rêveuse, engourdie auprès de la verdure mélancolique des palmiers et des eucalyptus, sous les caresses chauves et radieusement lascives du soleil de Mahomet.

. . . .

*** Là-bas, derrière Sidi-Abd-Allah, le soleil commence à disparaître. La cime des lointains djébels s'empourpre de lueurs fauves.

A gauche, vers le lac, la basilique de Carthage et sa chapelle de Saint-Louis s'estompent, s'imprécisent sur la colline illustre. Plus loin, les blancheurs de Sidi-bou-Saïd, étagées sur leur promontoire, semblent d'immenses toiles tendues à la brise, s'engrisaillant peu à peu.

A droite, la double pointe du Bou-Kornine, et ses rondeurs de pachyderme; à son pied, Hammam-el-Life, et plus près Radès; enfin, au bout du chenal, l'avancée hardie de la Goulette, et en fond de perspective, les faîtes tourmentés du Zaghouan et du Djebel-Reças, s'assoupissent dans la lassitude tiède et l'effaçure d'un crépuscule trop fugitif.

. . . .

Un dimanche. — Hé ! je vous le disais, ma chère Maud, une province, une bonne petite ville de province.., aujourd'hui, dimanche, surtout, avec, à onze heures ce matin, la sortie de la messe, un flot de belles Madames et de grosses Madames. souvent flanquées, aggravées de leur *demoiselle* et attendues sur le parvis par l'époux, dont les principes politiques, radicaux, libres-penseurs et autres, s'insurgent contre toute incursion dans la demeure du « Nommé Dieu. »

Il est aussi de beaux officiers corsetés de bleu et bottés de vernis,.. qui prennent évidemment leurs bottes pour prétexte d'abstention.

Et cet après-midi d'été, la musique, la classique musique militaire circumtonitruant sur les allées de la Marine et, selon l'admirable Baudelaire :

Versant de l'héroïsme au cœur des citadins.

Les belles Madames et les grosses Madames, et leurs demoiselles et leurs époux réapparaissent, assis en petits groupes, aux approches du cercle harmonieux des zouaves à chéchias rouges, enturbanées de blanc.

Dans le va-et-vient des rigides fonctionnaires donnant le bras à leurs *dames*, et boutonnés dans l'administrative redingote, pour le moins stellée d'un vague Nicham, tranche le burnous bleu d'honnêtes enfants de Judée, vacille le haïck pointu de quelque Juive traîneuse d'escarpins, grouillent les loques inquiétantes d'Arabes, déambulant jambes et pieds nus, en smalas songeuses.

. . . .

**** Maud, écoutez une histoire de bataille, de bataille navale d'avant la conquête ; — oh ! rassurez-vous ! — je n'oublie point vos frayeurs de fauvette, aux récits flamboyants d'épopée..... — Celle-ci, je vous jure, ne saura qu'allumer votre rire de petite folle.

Imaginez-vous donc qu'un jour, l'équipage d'un croiseur anglais mouillé dans le port de la Goulette, s'avisa, au cours d'une bordée à terre, de rosser les matelots de la marine beylicale !

Le lendemain matin, le croiseur anglais cinglait vers l'île de Malte. Son insulte ne pouvait demeurer impunie. C'était, du moins, le formel avis de l'amiral, commandant en chef les forces maritimes de Son Altesse, je ne sais plus quel Ahmed.

Il dit, il fit tant et tant, ce vindicatif amiral, que son Maître finit par se laisser persuader et taper des fonds nécessaires à l'armement de sa flotte.

— Va, dit l'Altesse, châtie les roumis et, selon ta promesse, coule bas leur insolent croiseur, bombarde Malte et y plante mon pavillon.

D'ici à ton retour, je tâcherai d'inventer à ton intention, quelque nouvelle dignité à ma cour.

Et puis, enfin, ça va t'occuper, toi et tes marins. Voilà assez d'années que je vous nourris à astiquer ma frégate et à tricoter des bas de laine pour vos mouckères.

Il dit, et l'amiral, avec mille salamalecs, se retira à reculons, comme il sied à tout oriental, esthète-courtisan.

Deux jours après, la flotte de Son Altesse Ahmed — une antique frégate survécue à Navarin — appareillait, cinglait de son mieux dans l'hypothétique direction de l'île de Malte.

Huit jours se passèrent, puis dix.....

Son Altesse Ahmed ne s'inquiétait point outre mesure des destinées de sa flotte.

Ses corps d'armée de terre et son corps d'almée du *Bardo*, suffisaient amplement à sa quotidienne sollicitude.

Le onzième jour enfin, à l'aube, les soldats de faction sur les remparts, accusèrent, à quelques milles au large, l'apparition d'un navire qui ne semblait avoir aucune raison de n'être point « la flotte ». C'était elle, en effet.

Prévenue aussitôt, Son Altesse daigna se souvenir de la frégate.

Il eut d'abord un petit mouvement de dépit.

Il la croyait depuis longtemps perdue, il se croyait débarrassé de ce flottant prétexte à dépenses superflues..... puis, il se rassura, se raséréna, à la pensée, qu'en somme, c'était une conquête que cette brave frégate lui valait, la conquête de cette île de Malte qu'il ne connaissait que de nom, mais qu'il savait très riche et très chevaleresque, et enfin la gloire d'avoir coulé bas ces flambards d'Anglais dont les débarquements et les débordements étaient pour l'irriter tout comme un simple mortel.

Sur ces réflexions, surgit l'amiral commandant en chef de sa flotte.

Il était blême, défait, une chaussette de laine rouge, remplaçait sur son chef, sa checchia soutachée d'amiralissime. Son burnous, ignoble, effiloqué, dégouttait encore de la dernière lame.

— Altesse!.. Altesse!.. bégaya-t-il, les bras levés dans la problématique direction du Paradis de Mahomet.

— Parle, articula l'Altesse, en se mouchant, très calme, dans le large Cordon de l'Ordre.

— Altesse!.., ta flotte a coulé les Anglais.

— Ils m'ont assez roulé, daigna, *in petto*, constater Ahmed.

— ... a coulé les Anglais... les a taillés en pièces, à l'abordage, ...les a...

— Et Malte?... Malte?...

— Malte?... Altesse!...

Malte?... Nous l'avons cherchée à travers mers, pendant huit jours, sans la trouver. Par Allah!

C'est un odieux mensonge, Altesse! Malte n'existe pas!

Lors, dans un beau large geste d'oriental fatalisme, Son Altesse Ahmed prit, dans sa tabatière d'or richement orfévrée, une pincée de tabac blond à la bergamote, la huma lentement et murmura en congédiant son victorieux amiral :

— Va... nous recauserons demain de cette affaire d'Anglais.

Mais soudain, se frappant le front, comme si ce dernier mot réveillait en lui quelque chose d'assoupi, il interrogea, tourné vers l'Eunuque de service :

— Mahmoud-el-Khazm:... Est-ce que Fatma va mieux aujourd'hui ?

— Non, Altesse, sopranilla le Retranché.

— Alors, fit S. A. Ahmed en rappelant l'amiral, va trouver Fatma dans le patio et apprends-lui comment tu *les* as coulés.

. . . .

✴ — Passe-temps tri-hebdomadaire à l'usage des flâneurs : se rendre au port et assister au départ du paquebot pour la France.

Ça n'a l'air de rien cette distraction et pourtant, ça vous assassine à miracle un après-midi.

C'est d'abord la traversée du ponton d'embarquement entre deux haies d'Arabes adossés à la balustrade, puis, l'escalade de la passerelle, et l'incursion à bord du *Transatlantique* ou du *Touache*, parmi les bousculades et les jurons de matelots et d'hommes de peine, le vacarme de la chèvre à vapeur, les adieux de petits groupes familiaux, sur le pont. Au troisième signal de cloche du Contre-Maître, c'est la dégringolade, sur le ponton, de ceux qui restent, la levée de la passerelle, la fermeture de la coupée, la présence des officiers sur la dunette, l'appareillage du départ.

Quelques instants après, les amarres sont larguées et tombent, fendant la sérénité du lac, en un long *floc* d'éclaboussures... à l'arrière du navire, l'hélice soulève un énorme bouillonnement d'eau vaseuse, un sifflement rauque stride de la poitrine du monstre qui commence à se mouvoir, s'écarte du ponton, prend la direction du chenal, et s'éloigne lentement.....

Alors, presque chaque fois, le spectacle se corse de ce petit intermède : Un monsieur accourt sur le ponton, brandissant une lettre ou un petit colis qu'il n'a pas déposé à temps à la poste.

Aussitôt, un Arabe, à l'affût, lui arrache l'objet, se jette dans un canot et, à force de rames, gagne les flancs du paquebot, à bâbord.....

On lui lance un bout d'amarre, il y attache son embarcation, et, à bras raccourcis, la lettre ou le paquet entre les dents, grimpe jusqu'au bastingage où un bras charitable le débarrasse de l'objet.

Et quand le batelier a regagné le ponton, le paquebot est déjà loin dans le chenal...

Silencieusement, chaque fois, je le regarde qui s'en va et, malgré tout, oubliant une minute les hospitalières beautés, les réconfortantes douceurs, l'imprévu de ce pays, sa magie ensoleillée, une sensiblerie idiote, innée, atavique, *nationale*, corollaire de nos éducations casanières et popotières et étroites, fait, en moi, tressaillir je ne sais quelle inutile fibre, monter à mon cœur je ne sais quel regret, à mes yeux, je ne sais quel trouble de romance pleurnicharde, cependant que, là-bas, devers les perspectives de saphir et d'émeraude,

pailletées d'éclats de soleil ou de blancheurs de
voiles, glisse la masse noirâtre, sur laquelle, en
les mouchoirs qui s'éploient, à la brise du soir,
unis au vol affolé des mouettes, palpite la mélancolie pâle des adieux....

. . . .

« La vie n'est faite que d'adieux. » Pauvre cher
B**, exquis poète, je songe à toi en écrivant cette
pensée, qu'une nuit de l'an dernier, parmi le mouvement, la banalité, la promiscuité blessante du
Boulevard, tu murmuras à mon côté.

A ces mots, je te regardai et vis que tes yeux,
tes grands yeux de myope, clairs et bons et si doucement tristes et résignés, où se reflète toute l'infinie tristesse de ta lande bretonne, suivaient, en
une fixité d'hypnose, la fuite légère d'une silhouette
féminine, d'une de ces silhouettes de Parisienne,
gracieuses et graciles, faites de cette simplicité
savante d'où émanent le charme, le parfum subtilement insidieux, agrippant l'âme au passage.

Evidemment, pas plus que moi, tu ne connais-
sais cette femme. Tu subissais l'occulte influence
d'une de ces affinités électives, soudaines, rapides
comme l'éclair, qui, en une seconde, vous font
vivre un roman de tendresse et sangloter un
adieu.

Adieu du Rêve évanoui devant même qu'il ne
soit éclos, adieu des joies soupçonnées, convoitées,

presque conquises et pourtant impossibles....

Adieu de la minute qui glisse, de l'espoir vaincu, du Bonheur dévasté, de l'Illusion qui s'affale....

Adieux de tout cela, adieux de tant d'autres choses, c'est vrai, mon bon ami..., et adieux aussi, adieux même de ces souffrances d'art ou d'amour, de ces souffrances si divinement atroces, que, plus tard, on se reproche tout bas de n'avoir point assez souffertes.

. . . .

*** J'ai maintenant un ami. C'est du moins lui qui s'affirme tel à mon endroit, un ami arabe, un beau gaillard de vingt-cinq ans, *Sidi* Ahmed Ben Amor, fils de riche famille tunisienne. Il porte crânement la checchia dont le gland de soie s'éparpille, abondant, sur sa nuque et jusqu'entre ses épaules. Son *cedria*, sa *gebbha*, son *sarroual*, du drap bleu le plus fin, sont soutachés de riches broderies d'or et de soie noire. Ses mollets de bronze saillent au-dessus de la blancheur de ses chaussettes, ses pieds fins se cambrent dans des escarpins vernis, sans talons.

Il va, drapé en la blancheur auguste de son burnous, droit, svelte, tel un jeune dieu. Sa voix, comme sa démarche, a des inflexions féminines, des câlineries d'abandon. Les traits de son visage sont réguliers, et quand je lui dis un mot qui le peut flatter, je ne vois dans ce visage que le double éclat de ses grands beaux yeux noirs, ombragés de longs cils, et l'ivoire de ses dents fines entre le nacarat de ses lèvres qui sourient.

Allons, Maud, Maudette, n'allongez pas votre joli museau rose, en moue de chatte éclaboussée d'eau froide !

Sidi Ahmed est incontestablement un beau garçon d'Arabe, mais vous n'en demeurez pas moins la plus jolie mignonne des Parisiennes que je sache.

Laissez-moi donc poursuivre, Maud.

Lors, c'est par le plus pur des hasards que j'ai connu Sidi Ahmed,... contre-coup d'une autre connaissance de fumoir, à bord de la *Ville de Rome*.

C'est, naturellement, dans la cité arabe que s'est effectuée notre première promenade.

Aussitôt après avoir franchi la monumentale Porte-de-France, on commence à coudoyer les plus hétérogènes variétés de types, de costumes et de nationalités.

D'abord, le placide enfant de Judée, à la barbe noire, en pointe, aux mains potelées, à l'atavique convexité nasale, et coiffé de la checchia enturbannée de noir, vêtu du burnous bleu, des culottes noires, collantes, et chaussé de bas blancs et de babouches jaunes.

A sa remorque, souvent, cahin-cahine sa compagne, la tête surmontée de la coiffure en cornet bordée d'ors et encapuchonnée dans le kaïck de soie, de mousseline ou de cotonnade blanches. Une culotte de même couleur, outrageusement ajustée, divulgue les plus secrètes rondeurs, les plus indigestes exubérances de ces filles d'Israël dont, parfois, la réelle beauté du visage au profil classique, à la ligne impeccable, aux beaux yeux d'encre, au teint de rose, est empâtée d'un corps engraissé pour l'amour.

Parmi les Juifs d'Orient, c'est là le suprême snobisme en affaires de fiançailles : « la grâce par la graisse ». Puis, les Arabes, en leur démarche lente, fière sous le burnous de cachemire ou de soie du cadi et du cheik, sous la gandoura bleu-tendre ou mauve de l'élégant, ou sous le *khadroun*, dans le *sarroual* répugnants du bédouin et du gueux.

Plus rares sont les mauresques dans la rue. La claustration est leur destinée. Celles qu'il advient de rencontrer sont généralement d'antiques matrones, silhouettes difformes, empaquetées de blanc, courbées, claudiquant sur un bâton et dont la vertu est, désormais, à l'abri de tout avatar.

Leurs mains rougies au henné retiennent frileusement leurs voiles de chaque côté du visage dont on n'aperçoit que le front tatoué et les yeux au-dessus du bandeau noir qui les musèle.

Enfin, parmi ces Levantins indolents, passe, grouille, s'agite la foule d'Européens envahisseurs : Français, Italiens, Espagnols, Maltais, Mahonnais, Allemands, Russes, Grecs....

A ce propos, Ahmed daigne statistiquer :

En 1881-82, lors de notre occupation, la colonie française à Tunis était d'environ trois mille individus. On comptait le double d'Italiens. Aujourd'hui, le nombre de ces derniers doit varier de douze à quinze mille, tandis que nous n'y avons guère plus de cinq mille des nôtres.

Si ça continue longtemps dans ces proportions...

Chaque semaine, débarquent ici des bandes d'Italiens miséreux. Ils campent où ils peuvent, vivent de peu, acceptent n'importe quel labeur et cela, dans le seul but — qu'ils atteignent, d'ailleurs, presque tous — de gagner, d'économiser trois ou quatre mille francs et, avec ce pécule, d'aller finir tranquillement leurs jours sur le coin de terre natale, trop ingrate ou trop pauvre pour les nourrir au prix seul de leurs peines.

D'ailleurs, à Tunis, c'est un véritable envahissement d'Italiens et le commerce européen y est, quoique on dise, accaparé par eux.,.

Pendant des heures, Ahmed m'entraîne le long de ces rues étroites, si étroites que, par places, on peut, en étendant les bras, toucher les boutiques qui les bordent. Les unes sont recouvertes au moyen de planches vermoulues, d'autres voûtées en pierre.

A travers ces dédales, mon regard s'accroche, au passage, à quelque ruine, à une devanture à moucharabieh, à une porte ornée d'antiques colonnes de marbre...

Dans le quartier de la *Hava*, c'est un déballage de juives en chemises claires, en pantalons blancs, les épaules recouvertes de foulards multicolores, et jacassant sur le pas de leurs portes. Leur marmaille, demi-nue, criaille et bataille, jusque dans nos jambes, et ce sont, pour la plupart, des gamins et des fillettes aux yeux, aux traits adorables, jolis et joyeux comme autant de chérubins en guenilles.

Après Dar-el-Bey et la Grande Mosquée Ezzitouna, encore non profanée par nos pieds d'Infidèles, nous accédons à la Kasbah, puis au chemin circulaire, en dehors des murs d'enceinte et conduisant aux principales portes.

L'abord de ces portes, — celles de Bab-Alléoua et de Bal-el-Kadra surtout, ouvrant, l'une sur la route d'Hammam-el-Life et du Sud, l'autre sur celle du Bardo — offre l'aspect de cohue, et le vacarme de véritables marchés exotiques.

De longues files de chameaux s'alignent debout, ou agenouillés sous leurs faix. D'étiques bourriquots, des chèvres, des chiens kabyles, des bestiaux se parquent pêle-mêle, à l'ombre des murailles, se pressent, s'écrasent devant la galopade des *arabas* aux brancards droits, aux roues peinturlurées de rouge et de bleu, des tapissières bondées de juives, des landaus crottés, aux coussins crasseux, dans lesquels se prélassent une demi-douzaine d'Arabes graves et silencieux: tous ces véhicules conduits en casse-cou par des cochers indigènes, qui, la fleur de jasmin piquée dans les cheveux, sous la checchia, près de l'oreille, harcèlent de coups de fouet leurs petits chevaux maigres et fuyants, et beuglent aux piétons leur guttural et retentissant : *bââleck*.

Les *guerbagi*, porteurs d'eau, écrasés sous le poids des outres gonflées, viennent de s'approvisionner aux fontaines et se dirigent à pas lourds, le front bas, comme des bêtes, vers les cafés maures et les maisons privées de citernes.

En réintégrant la ville arabe, je passe devant un tas de boutiques d'épiciers, aux devantures agrémentées de longues guirlandes rouges et vertes de *felfels*, sorte de piments desséchés au soleil, condiment indispensable dans la cuisine arabe.

Puis, nous traversons un *fondouck*, caravansérail pour bêtes et gens.

Un toit circulaire abrite les premières, tandis que leurs maîtres, moyennant quelques centimes, s'accroupissent et dorment en plein air, au milieu du *patio*.

Nous arrivons enfin au quartier des *Souks*, antre du travail et de l'industrie indigènes.

Aux premières minutes, on ne le devinerait point. Les ruelles sont encore plus étroites, plus sombres qu'ailleurs ; les cabanons-ateliers plus exigus. Pas de ronronnements de machines, pas de grincements de métiers. Ici, le labeur est silencieux, les affaires se traitent à mi-voix, en tout calme. Seul, le cri d'un arabe, à la suite d'une caravane de bourriquots chargés d'huile, de légumes ou de dattes, l'appel d'un marchand de galettes, dénonce un peu de vie dans cette atmosphère de passivité et de nonchalance.

Au *Souk* des fruits secs, s'alignent, contre les murs, des jattes et des couffins d'alfa regorgeant de raisins secs, de caroubes, de fèves grillées, de pois-chiches, d'amandes, de pistaches, de beller. De monstrueux régimes de dattes et de bananes s'enchapelètent, accrochés à de hauts clous.

Au *Souk* des parfums, la voûte repose sur des piliers coloriés de peintures vives, ainsi que les boiseries des boutiques, où le carmin, l'indigo et la céruse se rehaussent d'arabesques d'or criard.

Ici, l'éventaire se compose de corbeilles emplies de poudre verte et de feuilles sèches de henné.

Accroupi sur son comptoir, béat, contemplatif, en une pose de bouddha et fumant des cigarettes, trône le marchand.

Devant lui, se trouvent une multitude de flacons ciselés et dorés, de toutes formes, contenant des échantillons d'essences de rose, de jasmin, de géranium, de violette, ainsi que des petites balances d'orfèvre.

Derrière et autour de lui, de longs cierges pendent du plafond. Sur des étagères, c'est un fouillis de boîtes, de flacons emplis de parfums à base d'ambre et de benjoin, d'huiles essentielles de lentisque et de romarin, de cornes bourrées de camphre et de *sbed*.

Tous ces parfumeurs sont vêtus de gandouras aux couleurs tendres, roses, turquoises, grises, vertes ou saumon.

Ahmed nous fait stopper devant le comptoir de l'un d'eux. Mon mouchoir, mes mains, les revers de mon veston, ne tardent pas, sous prétexte d'aider à mon choix, d'être imprégnés, imbibés, d'une douzaine d'essences, dont les effluves combinés, compliqués me montent en bouffées lourdes au cerveau et y suscitent tous les prodromes d'une imminente migraine.

Au hasard, j'achète un flacon, pressé de m'affranchir de cette atmosphère capiteuse, empuantie à force de fleurer bon.

Un peu moins à la flâne, nous traversons le *Souk* des tailleurs, où les ouvriers accroupis sur le sol de leurs petits ateliers, confectionnent des habits aux étoffes de toutes nuances. Sans mot dire, méthodiquement, ils dévident des bobines d'or et d'argent, soutachent, constellent de paillettes, d'arabesques, de passementeries, le velours, le drap et la soie toute taillée..... Le *Souk* des étoffes : là, le coup d'œil change du tout au tout avec les autres quartiers. Les boutiques sont aménagées en véritables boudoirs, aux murs aux plafonds disparus derrière de lourdes tentures, feutrés d'épais tapis admirablement tissés. C'est un capharnaüm d'étoffes, cotonnades, lainages, soies et satins de tous tissages, de toutes teintes, de bibelots sans nom, d'armes barbares en des panoplies savantes, de meubles de marquetterie ouvragée d'inscriptions et de moucharabiehs merveilleux, de cimeterres, de poignards kabyles, de lames de Damas, de mouckalas au long canon, ciselés et constellés de pierreries, de flissas, de tromblons à gueule bée, de tapis de Kairouan, de couvertures de Djerba, de Perse, de portières de Stamboul, de broderies anciennes provenant des palais beylicaux.

Durant plus d'une heure, chez Aly et Younès Barbouchi, puis chez Ahmed Djamal, où l'on nous sert un délicieux Kaouah parfumé et brûlant, en de minuscules tasses gravées, c'est sous mes yeux émerveillés, un déballage d'armes et d'étoffes incomparables, de travail minutieux et de prodigalités d'or, d'argent et de soie.

Tout cela, défilant à la lumière des lampes mauresques, dans ce cadre ouaté où la voix descriptive de l'Arabe s'étouffe, s'assourdit comme dans un sépulcre capitonné, tout cela prend un aspect un peu féerique, un aspect de chambre-basse dans un palais des mille et une nuits où des marchands levantins étaleraient les fastueux produits d'Orient, de pourpre, d'or et de soleil, devant la convoitise extasiée de princesses captives. Et quand je sors de là, à nuit tombante, les yeux brûlés de couleurs, la tête bourdonnante, encore enfiévrée de la hantise chaude, amollissante des parfums, je passe, hâtif, devant les harnachements de velours plaqué, les buffleteries superbes, pour les grands jours de fantasia, du *Souk* des selliers..., je ne m'arrête pas à ceux des libraires, ni d'El-Grana, ni d'El-Bey, et pour regagner le quartier franc, nous brûlons le *Souk* des teinturiers, aux bordures d'amphores, au vaste puits, où, m'affirme Ahmed, en veine d'historiale complaisance, durent être teintes les toges sévères de la Carthage romaine et les somptueuses robes phéniciennes.

A quelques pas de la Porte-de-France, mon compagnon insiste pour m'offrir une tasse de *kaouah*, dans un café maure.

Ici, le décor diffère peu de celui des cafés maures d'Algérie. Nous pénétrons dans un couloir étroit, bas et voûté, bordé de bancs de pierre recouverts d'une natte sur laquelle sont accroupis les « consommateurs ». Au fond, la pénombre est piquée des points rouges du brasero que, toutes les minutes, active de son souffle le Kaouadji.

Dans un récipient de fer-blanc, posé parmi le brasier assoupi sous la cendre, bout doucement l'eau que, pour chaque café, l'Arabe verse dans de petits godets de fer ou de cuivre, au fond desquels

18

se trouvent, au préalable, la poudre de café, passée au pilon, et une pincée de sucre vanillé. A terre, le long des bancs, les paires de babouches se pâment, au-dessous de leurs propriétaires respectifs. A l'entrée, auprès du plateau destiné à recevoir les cinq centimes, prix de la tasse de kaouah, un autre récipient en fer-blanc est empli d'eau fraîche, à la disposition des clients — qui ne manquent jamais d'en avaler une gorgée auparavant que leurs lèvres ne touchent au moka — et des passants qui, sans exception, peuvent se désaltérer sur le seuil du café.

Chaque Arabe tient, d'une main, sa tasse et, de l'autre, une cigarette ou une minuscule pipe à long tuyau, bourrée de *kif*.

Et sur tout ce monde s'affale un lourd silence de recueillement et de torpeur.

Parfois, un lecteur ou un conteur prend la parole, durant de longues heures, ou encore un musicien kabyle, un nègre du Bornou, gratte sur un primitif instrument à deux cordes, une mélodie dont la monotonie lamentable, épandue parmi les volutes bleuâtres des fumées de tabac et de *kif*, plane aussi béate, aussi mystérieuse que la grâce d'Allah.

Notre tasse absorbée, nous repartons par la rue de la Casbah.

Devant une boutique de coiffeur italien, aux vitres de devanture gemmées de molaires, — car presque tous les coiffeurs italiens sont, aussi, dentistes et souvent guérisseurs d'ophtalmies — une femme arabe, une bédouine, le visage non voilé, mais affreusement tatoué, un gosse nu sur les bras et un autre dans le dos, me coupe le chemin et lève sur moi son index tendu.

Je ne distingue d'abord, dans son visage, que le sourire épanoui de ses yeux et de ses dents.

— Sidi !... Sidi !...

— Donne-lui un sou, me suggère Ahmed.

La femme prend le sou et ma main, et, malgré moi y consulte dans la paume, mon système chiromancique.

Elle baragouine quelques mots, d'un air fatidique, puis gypsie aux oreilles, aux bras lourds d'anneaux, aux formes sanglées dans une cotonnade à raies rouges, nouée sur le bas-ventre, elle me plante là et s'éloigne, droite et raide, prestigieuse en haillons, sous la double charge de sa progéniture.

Du regard, j'interroge Ahmed. Sans rire, il traduit :

— Elle t'a dit que tu es un beau *roumi* et qu'il y en a *une*, là-bas, qui pense à toi.

Une qui pense à moi !? Un frisson m'émoustille.

La première figure d'*une* qui jaillit de ma pensée est celle de ma concierge, à Paris... ma brave et incorruptible pipelette, dont, si loin, au jour de l'an, j'ai oublié les étrennes !

Oh! sûrement, fatalement, la voilà bien *l'une* qui pense à moi... mais je me rassure vite. M'ame Lucas, préposée au cordon de mon immeuble, m'honore de trop de confiance, pour redouter...

Et la seconde et définitive figure qui m'apparaît..... c'est la vôtre, Maud, c'est votre frimousse de chatte gourmande et souvenante.

C'est vous, la vraie *une*, *l'une* qui pense à moi... n'est-ce-pas?... Je m'abuse peut-être...?

Tant mieux! Jolie..., laissez-moi croire!

. . . .

*** — Note de route pas banale de la dernière tournée du Résident, dans le Sud-Tunisien. Arrivé à cheval, avec son escorte, parmi les tribus pillardes des Ouled-bou-Ganem, le Représentant de la France réunit le contrôleur civil, les Khalifats, les Cheiks, et le plus grand nombre possible de leurs administrés.

Puis, il adresse à tous une mercuriale digne de provoquer une hausse de remords sur le marché de leur conscience musulmane.

« Plus de vols, plus de pillage, sinon les mesures coercitives les plus rigoureuses »......

Tous les Ouled-ben-Ganem baissent le front sous la ministérielle semonce.

A l'aube suivante, au moment de lever le camp, M. le Résident Général s'aperçoit, — avec la stupeur qu'on devine, — que, durant la nuit passée sous l'hospitalière garde de ses administrés, on

lui a volé la bride de son cheval et un autre objet analogue, d'utilité plus intime que, pour votre effarouchée pudeur, ma chère Maud, je désignerai assez exactement par des points de *suspension*...
. . . .

Lundi, 10 heures du matin. — Une chevauchée rouge et bleue, sabre au clair, burnous flottants.... des soldats, des officiers sanglés dans des tuniques aux jupes plissées, tous, la checchia sur la nuque, gland au vent... de somptueux harnachements de cuir et de velours brodés, des selles à hauts trousquins sur des petits chevaux sautant, caracolant, bondissant comme des chèvres..... puis un vaste landau huit-ressorts, fermé, emporté par six mules bricolées d'or, d'étoffes d'argent, et conduit en daumont.

Derrière, un dernier groupe de cavaliers galopant dans un tourbillon de poussière..... C'est Son Altesse Ali-Bey, — frère et successeur au trône de feu Mohamed-és-Sadock et de Sidi-Taïeb, héritier présomptif, — parmi l'escorte d'honneur beylicale. Il traverse ainsi la rue El-Sédikia, fait ralentir l'allure à hauteur du Cercle des officiers qui, à cette heure, tous sur la terrasse, se lèvent et saluent. Derrière les glaces du coupé, Son Altesse en pardessus marron, coiffée d'une quelconque checchia et encadré de ses ministres — de la Guerre (!) de la Plume (!!) etc..... et de son secrétaire chargé de croix, de diplômes en blanc et de thé chaud — Son

Altesse salue de la main et sourit dans sa barbe blanche.

A la gare italienne, halte. Son Altesse descend et gagne son wagon dans le train prêt à partir pour La Marsa, La Malka et La Goulette.

Son Altesse s'arrêtera au palais de la Marsa.

Là, Elle daignera jeter un coup d'œil sur ses troupes, et son mouchoir à l'une des sujettes du harem beylical.

Le palais, les officiers, les musiciens et le premier cocher de S. A. sont en grande tenue de service et décorés, debout devant le péristyle.

Lundi : Son Altesse batifole et décore..... c'est le jour de Nichons-Iftickar.

. . . .

Vendredi. — Ma quotidienne promenade à cheval m'a conduit ce matin, au sortir de la ville, par la porte Bab-Alleoua, devant le portail grand ouvert d'un cimetière arabe.

Au pas, je longe le petit mur qui m'en sépare et par-dessus lequel j'ai tous loisirs de voir ce qui se passe dans la nécropole.

Les tombes, en leur forme, procèdent toutes du même style.

La simplicité en est le caractère essentiel. Une pierre tumulaire, en forme de rectangle, recouvre la fosse. Des inscriptions arabes y sont gravées : le nom du défunt et quelques préceptes du Koran. A chaque extrémité de cette dalle, un petit trou est creusé, destiné, pour les jours de pluie, à se remplir et à désaltérer le locataire du dessous.

C'est, naturellement, l'âme de ce dernier qui, sous la forme de moineaux et de mésanges, procède à cette libation.

De derrière le mur, monte, à mes oreilles, un bredouillis de voix féminines.

Je fais halte et, droit sur mes étriers, ne tarde pas à apercevoir, parmi un massif de verdure, un groupe de Mauresques accroupies sur des tombes et jacassant entre elles, avec force minauderies et petits éclats de rire.

Je me rappelle: c'est aujourd'hui vendredi, jour de réception chez les morts arabes. Pour ces dames, le cimetière est un succédané du hammam. C'est l'avant-dernier salon-où-l'on-cause.

Les époux-chats en sont absents, les houris dansent.

A en juger par la mimique, la conversation me semble chaude,... la matinée aussi. Ces dames ont abaissé leurs voiles noirs et, pour la première fois, il m'est donné de voir des visages complets de jeunes et jolies mauresques.

Dommage que, leurs yeux, leurs sourcils soient aussi exagérément soulignés et agrandis au kohl.

Elles se montrent leurs bijoux et leurs dessous, leurs bras et leurs jambes et, à certains mots, sans doute polissons, font fuser de longs rires,... plutôt enroués.

A quelque distance de là, veillent une demi-douzaine d'antiques matrones, chargées de chaperonner ces jeunes dames à travers les rues de la ville. Je m'écarte du mur d'enceinte et regagne la route pour continuer ma promenade, quand, derrière moi, parmi l'encombrement de charrettes, d'ânes et de dromadaires, je vois déboucher par la porte Bab-Aléoua, un étrange cortège, en quoi, non sans peine, je devine un enterrement indigène. Devant le brancard peinturluré et recouvert d'une bâche, sous laquelle est étendu le mort, enveloppé de linges et solidement ficelé en bourriche, marchent les parents, le mufti et le bach-mufti chantonnant des phrases traînardes, d'une voix de gorge, monocorde.

Derrière, suivent les amis, connaissances et simples badauds même qui, au passage du convoi, naturellement, se sont mis à la file.

En route, sans s'arrêter, sans ralentir la marche, les quatre porteurs du brancard funèbre, avec un adroit mouvement d'épaules, sont relayés simultanément par quatre autres de bonne volonté.

Descendu dans sa fosse, le paquet ficelé est recouvert de terre, puis de sa dalle tumulaire et, à l'instar des peuples les plus civilisés, il est bien rare qu'à cet instant le prêtre et surtout les héritiers, n'imputent pas au défunt un stock de vertus, insoupçonnées même de ce dernier durant sa vie, et ne prouvent une fois de plus qu'il est des circonstances où les absents ont profondément raison.

. . . .

*** Ceci n'est pas un conte à plaisir inventé.....

Voilez-vous la face, Maud, ma chaste ! De vos petites mains effarouchées — si effarouchées, que, les doigts, un tant soit peu, s'écartent, — voilez-vous la face.... car j'en vais découvrir une autre. La chose, vous le verrez, n'est point sans fondement. C'est une conversation entre le bel Ahmed et moi, ce matin, tandis que, flâneurs, nous déambulions sur l'avenue de la Marine.

— Alors, t'écris des livres, des histoires dans les journaux ? interroge mon interlocuteur.

— Oui, Ahmed.

— J'te demande cela, parce que je connais très bien un de tes... drôle de mot dont je ne me souviens plus... C'est un nom que vous vous donnez entre vous, sans doute par méchanceté ou par malice...

— ...Confrères ?...

— C'est cela, confrères ! exulte l'Arabe,... un de tes confrères !

Et il poursuit, parlant d'abondance, mais lentement et soulignant ses paroles d'un geste rond, étudié, de sa main à la peau fine, aux ongles roses de henné :

— Oh ! sûrement, tu le connais. C'est un grand, bien taillé, brun, grisonnant même.... figure assez jolie, quoique déjà un peu empâtée, et surtout deux gros yeux à fleur de tête et étirés comme ceux des filles...

Du tremplin de ces données assez vagues, je bondis de pied ferme dans mes souvenirs confraternels les plus quelconques... je fouille, je cherche, je bouleverse les replis de ma mémoire, à la recherche du grand brun aux gros yeux étirés de fille. Après dix noms accueillis par Ahmed d'un mouvement de tête négatif, je prononce :

— Pierre Dalsace ?...

Alors, l'Arabe qui, le front plissé, les sourcils arqués s'évertuait lui aussi à ce rappel, s'écrie, joyeux :

— Lui-même !

— Comment ?... tu connaîtrais ?...

— Si je connais Pierre Dalsace ! proteste Ahmed.... comme si je l'avais fait, Sidi ! Et pourtant, c'est lui qui m'a *refait.*

Ce terme d'argot qui, dans la bouche d'Ahmed prend une indéfinissable expression, suffit à piquer ma curiosité et à me faire encourager l'Arabe aux confidences.

Il hésite d'abord, se fait prier, semble se consulter et soudain, secouant sa contrainte :

— Tant pis ! tu sauras tout, s'écrie-t-il. Tu sauras tout et tu le répéteras si tu veux.

J'ai tout su, je sais tout en effet, Maud. Mais pour vous le répéter d'un bout à l'autre, il me faudrait l'art de mimique, de périphrase et de cosmologisme d'Ahmed ben Amor.

Ce que j'en puis vous transcrire vous suffira. C'est Ahmed qui parle :

Quelques jours après qu'il eut débarqué à Tunis, l'avant-dernier hiver, les marchands, les interprètes indigènes connaissaient Pierre Dalsace pour l'avoir aperçu, musant matin et soir à travers les rues du quartier arabe.

Une fois, au *Souk* des Parfums, devant la boutique de Mohamed Sadouk Anoun, nous trouvant côte à côte, il me dit bonjour à notre mode, en portant la main à son front puis sur son cœur, et me consulta sur des essences de rose, de jasmin et de géranium. Il me demanda même comment il devait préparer le henné pour blondir ses moustaches, qu'il portait retroussées, ébouriffées. Une heure après, nous étions les meilleurs amis.

Je me souviens qu'il parlait tout le temps, sans tarir, m'exprimant son enthousiasme pour Tunis qui, autrement que les villes d'Algérie, avait conservé son pittoresque oriental.

Et comme je lui faisais observer que Paris m'avait semblé plus séduisant que toute l'Afrique, lors du voyage que j'y fis à la dernière Exposition, que ses théâtres, ses concerts, son Boulevard, ses petites femmes valaient bien le Souk-el-Attarine, Dar-el-Bey, la rue El-Halfaouine et même toutes nos mouckères, il eut un drôle de sourire, passa son bras sous le mien et, à voix basse, me répliqua :

— Ce sont les beaux jeunes hommes,... les beaux garçons comme toi, Ahmed, que nous n'avons pas à Paris.

Le compliment, tu le conçois, me fit plaisir et me flatta ! Pierre Dalsace le comprit et en devint plus expansif encore.

— Non, poursuivit-il, toute la grâce, tout le charme étudiés des Parisiennes, ne vaudront jamais le charme et la grâce sauvagement exquis d'un jeune Musulman, aux grands yeux noirs, dont la rude et belle nudité de bronze se drape si bien et si peu dans la désinvolture fière et nonchalante du burnous.

Oui, Ahmed, je t'aime ainsi, au-delà de toutes femmes, j'aime ta mâle beauté, la lassitude un peu dure de ta voix, les deux stylets de tes prunelles et surtout,.. oh ! surtout, Ahmed, — ne te moque point ! — l'odeur qui émane de ton corps, cette odeur âcre et barbare, et indéfinissable comme une haleine de fauve, flottante parmi des relents mortels d'ancolies et d'iris noirs, écrasés au soleil.

Et puis, tiens...... pour ce soir, après dîner, je te ménage une surprise.

En effet, le soir, après dîner, comme je l'attendais sur une terrasse de café, proche de la Porte-de-France, Pierre Dalsace me réapparut... me réapparut, vêtu d'une longue gandoura de soie mauve, soutachée de broderies noires et vertes..., ses jambes étaient nues, ses pieds, en de fines chaussettes noires, traînaient d'élégantes babouches vernies et sur ses cheveux frisés, était campée une checchia dont le gland de soie, bleu-foncé, retombait, lui couvrant un côté du visage, avec une grâce canaille de chignon défait.

Vraiment, il était joli, tel. Et, à sa demande rieuse et pleine d'afféterie :

— Comment me trouves-tu, Ahmed ?

Je ne lui marchandai point mes compliments...

Maud, c'est ici que ça se corse et que la fin de mon *mot* va me donner bien du mal à écrire.

Vous êtes trop parisienne pour ignorer l'existence et quelques us de ces nouvelles couches d'artistes embrigadés sous le nom d'*Esthètes*, enfants venus trop vieux dans un siècle vermoulu, qui, sous prétexte d'idéalisme, d'audelaïsme, de jamais-vuïsme et de marche aux demains, se coiffent, se cravatent et se redingotisent en lions 1830, méprisent la langue de leurs pères et le ventre de leurs sœurs, et bouleversent de leurs réformes toutes les choses séculairement acquises de la Vie..., hurlent : En avant ! en brandissant la torche de leur *Idée* et soupirent le contraire en allumant celle de leurs hymens.

De même que leur *Art*, ils ont transposé leurs tendresses sur de nouveaux fondements.

Hormis quelques *initiées*, — pâles détraquées, transfuges de loges de concierge ou d'ateliers de culottières, et qui, grâce au commerce esthétique, furent vouées aux robes-gaines sans taille et aux bandeaux-Bottitcelli comme elles l'eussent pu l'être, d'ailleurs, à l'huile de foie-de-morue ou à l'iodure — hormis ces quelques-unes, toutes les femmes sont implacablement jugées par ces *Rénovateurs* : « l'éternel enfant malade, au corps douze fois impur.... »

Et aïe donc !... Et comme il leur en faut de la pureté à ces Messieurs, de la pureté pas banale, de la pureté qui ne courre pas les boulevards, mais les sentiers non-battus, ils la cherchent parmi eux... Ils en trouvent même à plaisir, à foison. Ils n'ont qu'à se baisser, qu'à se retourner pour en trouver...

On sait bien parbleu que, quoiqu'ils prétendent, ils n'ont trouvé là rien de très nouveau. Ils ont d'historiques précédents. Leurs aïeux, à Sodome, ne furent pas plus *pompiers* qu'ils ne le sont eux-mêmes et le prouvèrent en se laissant carboniser par le feu du Ciel dégoûté.

Auparavant encore, Castor et Pollux, fils jumeaux de Jupiter-Cygne et de Léda-Bécasse, s'étaient le plus ataviquement du monde, aimés en canards. Et Nysus et Euryale,... Oreste et Pilade..., Damon et Pythias.....

Et, depuis le divin Socratès que, par derrière, —

hé ! — calomnièrent et perdirent ses jeunes amis Anytos, Mélitos et Lycon, — comme son nom l'indique — jusqu'au plus moderne Oscar Wilde, récemment élargi, après deux années de *hard-labour*... et, depuis César, Jules, dont le char triomphal était précédé d'esclaves mâles chantant les beautés intimes de leur Maître, César qui, à Pharsale, recommandait, par rosserie esthétique, à ses légionnaires, de frapper de préférence au visage les jeunes et coquets patriciens de l'armée, de Pompée, jusqu'à notre plus récent Pierre Dalsace, combien d'autres *esthètes* de l'amour, les uns apôtres, les autres, beaucoup d'autres, *in partibus* !

Or, le culte exclusif de Pierre Dalsace à cet endroit, n'était fait que de douce et insondable passivité ; son plus gros souci était, à l'instar d'un simple commerçant, la recherche de l'actif, de l'actif indispensable pour son idéale conjugaison à double sens.

La voilà, je suppose, Maud, suffisamment aguichée, votre curiosité de connaître la fin de l'aventure entre mon neurasthénique — c'est son dada, la neurasthénie — confrère et cet excellent Ahmed.

Evidemment, en l'occurrence, Pierre Dalsace n'avait guère, pour monnaie, vis-à-vis d'Ahmed que les fleurs de rhétorique de ses louanges, — ça le changeait — et quelques louis, à la rigueur.

Il ne pouvait lui offrir la publicité de sa plume, si souvent taillée à l'aile d'une grue haut-taxée.

Comme Socrate, il lançait les jeunes gens de lettres qui, par ce genre de balistique intéressée, risquaient fort de retomber sur autre chose que sur leurs pattes.

Bref, quand après quelques heures de promenade nocturne, il eut amené son compagnon dans sa chambre d'hôtel, et eut épuisé pour lui toute son obséquieuse faconde, il commença de joindre le geste à la parole et...

Et Ahmed-ben-Amor qui, en pur Oriental, cultivait tous les vices classiques de sa race, mais lui aussi, hélas ! — *pôôr Pierre* ! — avait opté pour la conjugaison d'amour exclusivement passive, ne consentit point alors à transiger avec ses principes et se rebiffa devant les outrageuses exigences de cet *alter-bicquot*.

— *Nal din bouck ! Nal din oualdi !* blasphémat-il, en rejetant sur son épaule gauche le pan droit de son burnous. Puis il sortit.

Pierre Dalsace, atterré — s'attendant au contraire, — baissa sous leurs longs cils ses gros yeux à fleur de tête, ses yeux étirés de fille, et ce soir-là, en une solitude où manquait même le dédommagement d'une opulente gorge de femme qui lui eût peut-être permis de tomber de mâle en pis, il chercha un exutoire à sa navrance, dans l'évocation diabolique d'un Goya:

« *... Cauchemar plein de choses inconnues,*
« *De vieilles au miroir et d'enfants toutes nues*
« *Pour tenter les démons rajustant bien leurs bas.* »

. . . .

Dimanche 21 février. — Oh! dimanche bête, odieusement bête de l'étranger dans une ville étrangère.

Et l'ennui de cette journée s'aggrave des tristesses de la pluie. Une pluie fine, pénétrante, striant l'atmosphère grise d'un réseau où se vont bêtement abattre la pensée et la rêvasserie même, et tout effort, tout essor vers l'au delà de perspectives brumeuses, dressées ainsi que des murailles de navrances, crénelées de rancœurs. Trois heures...

Depuis midi et demie, ç'a été un abêtissement sur cette terrasse de café de l'avenue de France, un abêtissement à peine secoué par une conversation vague, idiote, coupée d'interpellations, de remarques stupides ou méchantes, sur un voisin, sur une passante......

Sans but, je me suis levé, je suis parti sous l'averse, j'ai suivi la file d'Arabes, de Juifs, de femmes indigènes, caravane blanche, lamentablement blanche, de burnous et de haïcks, de bas de soie et de filoselle et de jambes nues, et de babouches pataugeant le long des trottoirs qui ruissellent.

Un chant d'orgue. Je m'arrête, et me vois devant la cathédrale en construction.

Je pénètre dans la chapelle provisoire où l'on officie. C'est l'instant des vêpres.

Tous les bancs, toutes les chaises sont occupés.

Avec peine, je me glisse parmi le dernier rang des fidèles, tout contre la porte. Dans le chœur, on distingue la chasuble du prêtre, la blancheur de quelques surplis et, sous un dais, le camail violet de l'archevêque.....

Je considère autour de moi..... A peine vingt Français.

Pour les autres, des visages d'Italiens, de Maltais, teints de cuivre, cheveux crépus luisants de pommade, comme ceux des femmes, plaqués en bandeaux sous le foulard aux couleurs vives, noué à peine. Prosterné, tout ce monde prie.

L'orgue entonne les premières mesures d'un hymne. Des voix d'enfants reprennent : *O Salutaris hostia*.....

Un brouhaha de chaises remuées, on s'agenouille. Quelques secondes après, quand les voix clament à l'unisson, sur les trémolos graves de l'orgue, les paroles du chant liturgique, mon regard volète, au-dessus de ces fronts prosternés, et s'arrête à l'un d'eux, là, à mon côté..., tête grise de vieux Sicilien, une de ces têtes hirsutes, au visage barbu, aux yeux de braise, dont la rencontre, le soir, au détour d'une rue, vous fait instinctivement étreindre plus étroitement votre canne, et hâter le pas vers la tangente.

Type idéal du bandit de grande route, du tire-laine en haillons, l'homme est agenouillé, non sur sa chaise, mais à terre, sur le carreau boueux.

Ses bras sont croisés sur sa poitrine, sa face couturée de rides et de cicatrices, se courbe très bas..., ses yeux sont clos et, sous la broussaille grise et sale de la moustache, je perçois le frémissement de deux lèvres qui prient — humbles.

A cette vue, je ne sais pourquoi, un frisson, une angoisse m'ont rudoyé.

Mes yeux de désabusé se sont élevés au-dessus du misérable affalé et, parmi la montée mystique de l'encens et des sanglots d'orgue, parmi les âmes pieuses de vierges et de femmes, les âmes frêles de tout petits, s'essorant éperdues sur l'aile harmonieuse de l'hymne, mes yeux ont vu palpiter, pieuse et frêle, soudain, en sa foi ultime, frêle et miraculeusement enfantine, la vieille âme farouche du bandit Sicilien.

. . . .

Le Bardo et le Musée Alaoui. — Une promenade de deux kilomètres par la route qui commence à Bab-el-Sadoun, au nord de la Kasba, côtoie la caserne de Kachlat-el-Tobjia et passe sous les hautes arches d'un aqueduc romain, effondré à quelques cents mètres de Tunis.

Une petite place encombrée de matériaux de démolitions..... à droite, une caserne indigène ; à gauche, une haute muraille sur laquelle flotte le pavillon beylical. Puis une porte surmontée d'une tour octogonale, avec une horloge au triple cadran et, tout près, une batterie de six petites pièces rayées, offertes par Napoléon III à Mohamed-Sadock. Une série de cours. Au bout, un escalier avec, pour rampes, de chaque côté, quatre magnifiques lions de marbre blanc de Venise, et donnant accès à des galeries, à des cours, à des salles, à des patio, au Musée et au palais principal, demeure de la précédente Altesse.

La première porte m'a été ouverte par un lieutenant de l'armée du Bey, à qui j'ai remis ma carte d'admission.

A son appel, un autre officier est apparu.

— Va avec Sidi Commandant, m'a dit le jeune, li ti faire vis'ter curiosités.

J'ai suivi le Commandant, un vieil Arabe coiffé d'une checchia à gland doré, vêtu de la tunique noire à jupe plissée, aux manches piquées de deux étoiles d'or, du pantalon rouge à double bande noire..., et pieds nus dans des chaussures sans quartiers.

Après un long vestibule voûté du rez-de-chaussée, il m'a fait parcourir trois magnifiques salles du premier étage, dont l'une, sorte de grand patio couvert, est ornée d'une fontaine de marbre et consacrée aux collections épigraphiques, et l'autre, longue d'une vingtaine de mètres, possède un plafond à coupole et à caissons dorés, du plus pur style arabe et, sur le sol, une merveilleuse mosaïque représentant le cortège de Neptune. Les murs sont entièrement recouverts de la plus hétérogène collection de mosaïques qu'on puisse imaginer, où se détachent des silhouettes de personnages, d'animaux, une scène de course de chars romains, des figures allégoriques.....

Puis, s'ouvre une autre salle en forme de croix, dont le centre et les intervalles des bras sont surmontés de coupoles.

C'est l'ancienne habitation des femmes. On y trouve, dans le travail ajouré des voûtes, ce produit de délicatesse, de persévérance et d'imagination de l'architecture islamique.

Ma visite au Bardo et au Musée Alaoui, se termine par un trop court passage à la salle des Fêtes, aux salles de réception, ornées du trône de Son Altesse, et de magnifiques pendules, de quelques toiles mutilées, mais surtout, de mosaïques, d'armoires monumentales, d'un sarcophage, de statues et de vitrines garnies de lampes païennes et chrétiennes de l'époque romaine, représentant des scènes mythologiques, des attributs et ornements divers.

Presque toutes furent retrouvées à Carthage. Trois armoires sont réservées aux poteries puniques et néo-puniques, à des jarres, des ossuaires en plomb, des plats.....

Certes, je n'ai pas tout vu en cette seule visite,

et mes regards n'ont voltigé d'une curiosité à une autre, qu'avec le regret de ne s'y pouvoir poser davantage. Je remercie mon guide.

Et au moment de prendre congé de lui, je me rappelle une recommandation préalable qu'un Tunisien me glissa à l'oreille, l'autre jour.

Le Commandant me tend la main ; je lui abandonne la mienne au creux de laquelle je feins d'avoir oublié une pièce blanche.

Sans sourciller, cet officier supérieur garde l'une et lâche l'autre, fait un salut militaire, un demi-tour par principes, et disparaît.

Le petit manège se renouvelle une minute après, avec le jeune lieutenant posté à l'entrée.

Heureux ! que je n'aie pas rencontré le Ministre de la Guerre de Son Altesse..., mon louis y passait !

Mardi 2 février — P. L. 2ᵉ *jour*, 1ᵉʳ *Rhamdane 1314.*

Ce matin, vers quatre heures, une détonation de pièce d'artillerie, assez proche, puis trois autres, consécutives, plus lointaines, me réveillent en sursaut.

Par l'interstice des lames de mes persiennes, blêmit, en longs rais parallèles, le petit jour.

Je me lève et m'enveloppe d'un ample burnous en bourre de soie, achat d'arrivée, et plutôt destiné, dès mon retour en France à l'office de peignoir de bain, qu'à une concurrence déloyale aux musulmanifestes du député Grenier.

Ainsi, je sors sur le balcon et c'est à peine si mon corps, amolli encore par la tiédeur du lit, frissonne sous la transition, en se baignant tout d'un coup, dans la fraîcheur matinale.

C'est l'atmosphère d'une aube de printemps,... atmosphère diaphane et subtile, mousseline de soie bleutée, tressaillante sous une frôlée de brise tout imprégnée d'aromes et de langueurs, ainsi que le doit être, dans l'ombre basse du gourbi, le soupir de la vierge bédouine au réveil du douar.

A ma gauche, au loin, vers le lac Bahira, des extrémités de mâtures entaillent le ciel.

A ma droite, les cimes de djebels se coiffent de buées grises, pareilles à des haïcks.

Alentour, tout est silencieux.

La blancheur crue des maisons s'atténue sous la roseur frileuse du jour naissant...

Les coups de canon de tout à l'heure ont salué le premier jour du Rhamdane.

Soit à ce signal, soit au chant d'un marabout, dans le monde, deux cents millions de Musulmans ont invoqué Allah, les yeux tournés vers La Mecque, et commencé l'épreuve d'abstinences et de mortifications qui ne cessera que le 3 mars prochain, à la lune nouvelle.

« O croyants, le jeûne vous est prescrit. La lune du Rhamdane, dans laquelle le Koran est descendu d'en haut, pour servir de direction aux hommes, d'explication claire *des préceptes et de distinction entre le bien et le mal, c'est le temps qu'il faut jeûner. Quiconque aura aperçu cette heure se disposera aussitôt à jeûner. Celui qui sera malade ou en voyage jeûnera dans la suite un nombre de jours égal. Il vous est permis de manger et de boire jusqu'au moment où vous pourrez déjà distinguer un fil blanc d'un fil noir. A partir de ce moment, observez strictement le jeûne jusqu'à la nuit. Pendant ce temps, n'ayez aucun commerce avec vos femmes : passez-le plutôt en actes de dévotion dans les mosquées.* »

Tel est le texte fondamental de la doctrine, exprimée dans le deuxième chapitre du Koran.

Du lever au coucher du soleil, riche ou pauvre, tout croyant observera cette règle.

Pas une goutte d'eau, ni une cigarette, ni un aliment quelconque ne touchera ses lèvres.

Mais, dès le coup de canon du soir, ce sera la phase des « dédommagements ».

Presque toute la nuit se passera en bombances et en fêtes, après la prière en commun du Maghreb.

Ce soir, en effet, j'ai assisté à l'ouverture des réjouissances publiques dans le quartier El-Halfaouïne.

C'est une réduction de notre Foire aux pains d'épices, avec, en moins, la barrière du Trône, mais, en plus, le pittoresque exotique.

Sur la place, des éventaires de galettes, de dattes, de bananes et de figues, éclairés de bougies et, devant un escabeau au faîte duquel est accroupi le marchand.

Puis, des restaurants, où, sur des fourneaux, à la porte, mijote le couscouss, carbonisent des côtelettes de mouton et de longues saucisses.

Dans la rue, ce ne sont, de chaque côté, au rez-de-chaussée des maisons, que concerts tunisiens, danses du ventre, théâtres de marionnettes et surtout, *Karakousse*, le fameux, le prototypique, l'indescriptible *Karakousse*, spectacle éminemment national, mais ne subsistant guère plus qu'à Constantinople et dans quelques villes de Tunisie.

Ça se passe généralement entre les murs d'un local étroit et sale, éclairé d'un quinquet fumeux.

A droite et à gauche, deux rangs de banquettes pour le public *select* qui paie deux sous et, au milieu, une natte pour les places du parterre à un sol. C'est la marmaille de six à quinze ans qui accapare ces dernières places.

Fillettes et gamins, dépenaillés, accroupis côte à côte, assistent ainsi au spectacle et manifestent bruyamment leurs impressions.

Tout au fond, dans un cadre en planches, une toile blanche est tendue, derrière laquelle défilent, s'agitent les ombres chinoises de la pièce.

Karakousse est le perpétuel héros de ce genre de théâtre. Personnage principal, autour duquel gravitent gens et péripéties de la scène, son attribut consiste, non point en le bâton de Polichinelle, ni même en le Caducée de Mercure, mais en une partie intégrante et formidable de sa virilité, par quoi, l'art dramatique musulman tend, à travers les siècles, un impudique trait d'union entre le culte phallique de la Rome décadente et celui du *lingam* des temples indiens d'aujourd'hui, offert au baiser fervent des femmes infécondes, en la personne d'un *fakir* spécialement doué pour ce sacerdoce.

Et tandis que se joue la comédie élaborée sur un thème invariablement obscène, stupidement immonde, (on devine le sort des comparses soumis à la férule toujours brandie de *Karakousse*,) ce sont les rires aigus, les exhortations de tout un petit monde aux beaux yeux noirs, dont l'enthousiasme si précocement éhonté me rappelle cet autre enthousiasme de longues banquettées d'enfants des écoles, aux visages rouges d'émoi et du sang répandu, dans les arènes de San-Sébastian, au signal de la muerte, un jour de « *gran corrida de toros* »...

De chaque côté, le long des murs, ce sont aussi les rires plus sonores, les appréciations plus brèves des Arabes, parmi lesquels s'encadrent quelques mouckères dont on ne perçoit, dans l'empaquetage des voiles, que le tressautement joyeux, les langueurs pâmées du corps affalé, recroquevillé sur le banc,... et, vieillards ou bambins, femmes ou fillettes, pas une physionomie ne demeure indifférente aux propos, aux gestes, aux aventures des pantins orduriers. La première stupeur passée, c'est à la fois une tristesse et une nausée qui m'ont étreint, devant ce public en burnous, ces profils marqués quand même de je ne sais quel orgueil et quelle beauté barbares, ces inconquis aux révoltes tacites, respirant, humant à petites gorgées jouisseuses, ainsi qu'une tasse de kaouah, dans ce décor ignoble, survécu en pleine civilisation, le Vice, le Vice bestial, éclos de la Paresse et, éjaculé de ce fond de bouge, souillant de jets infâmes l'atmosphère emboucanée de relents de fauve, de kif et de tabac turc.

. . . . , ...

* Mes chasses ?... mes vagabondages à travers la brousse, l'arme sous le bras et guêtré jusqu'aux genoux ?...

Nenni, vous ne saurez rien de cela, moqueuse Maud. Les exploits de Tartarin eurent lieu beaucoup trop près d'ici, pour que je me risque au moindre récit.

Non, je ne vous parlerai même pas de nos fusillades dans les vols de grives, parmi les forêts d'oliviers de l'Ariana, de ces après-midi où chacun de nous brûlait de cent à cinquante cartouches.... non plus que d'un affût au chacal, aux environs de Bordj-Toum, d'une chasse aux perdreaux près de Bizerte, soudain changée en chasse au sanglier, tandis que nous ne supposions même pas un de ces animaux baugé à vingt mètres du sentier que nous suivions....

Ni même, enfin, d'une tentative de chasse à l'hyène, à Zaghouan, tout au pied du djebel,...

Non, je vous dirai seulement que mes compagnons de route et moi, reçûmes le plus cordial accueil, tant dans les douars les plus riches que dans les plus humbles gourbis. Nous eûmes toujours notre place, — la meilleure, — sous la tente, et, à mainte reprise, le couscouss traditionnel à la sauce au felfel, fut agrémenté des plus belles tranches d'un mouton tué et rôti entier en notre honneur.

Je n'oublierai jamais la largesse, le noble désintéressement de l'hospitalité arabe. Mais un des plus émus, un des plus chers souvenirs que j'aie rapportés de cette terre d'Afrique, et précisément de mes quelques chasses, c'est celui de trois nuits passées à l'affût, dans un bois de thuyas, parmi des ronces un fouillis de lentisques sauvages, loin du dernier village indigène, aux approches d'un ravin où pourrissaient des cadavres de chiens et de bestiaux déchiquetés par les fauves.

O nuits douces et vastes, languissamment farouches, nuits rêvées et jouies sous un firmament gris-bleu éclaboussé d'étoiles, nuits de silences et d'épouvantes, de hurlements et de soupirs, de brises affraîchies et de bouffées chaudes, traîneuses de relents âcres de végétaux et de bêtes,.... nuits évocatrices et fantasmagoriques, où, dans les lointains enténébrés, repasse triste et blême, le front las, les pieds meurtris, fervent amant de la Foi et de l'Espoir, gueux douloureux de l'Erreur et de la Désillusion, le Passé, le Passé morne et repentant,. devant les nostalgies du Présent qui reproche et dans la terreur du Demain qui maudit,.... puis, où glisse languissante l'Heure elle-même, l'Heure où l'on se stupéfie à se voir là, si seul et si loin, à sentir dans ses mains le froid et le poids de l'arme meurtrière qui, en cette ombre d'angoisse, en ce décor d'embuscade, vous fait, par un miraculeux recul d'atavisme, une âme claire et rude de primitif, d'enfant de la nature, une âme implacablement logique d'Aventurier et de Barbare,.... l'Heure que l'on vit et surtout l'Heure que l'on est destiné à vivre, avec la cohorte de luttes et de déboires, de vanités et de servitudes, d'appétits et d'égoïsmes, d'hypocrisies, et d'opprobres,.... tout cela, surtout, lorsque vers les premiers frissons de l'aube, éclate au loin l'aboi d'un chien kabyle, auquel, quelques minutes après, en une cacophonie de sabbat, répondent les abois, les glapissements, les cris, les claironnées, les meuglements des kelps errants, des sloughis à l'attache, des chacals en rapine, des coqs et des bestiaux de gourbis isolés.

Lors, je ne sais comment, pour mon âme, cette cohorte vile et vaine et misérable de l'Heure passante, se symbolisa en ces clameurs d'animaux, en cette bacchanale nocturne montant effroyable vers la lune à son déclin, et défiant cette face jaune et dominatrice qui narguait son défi, avivait son sortilège de monstrueux louis d'or.

. . . .

*** Aux alentours de Medjez-el-Bab, arrivés à cheval, avec M. de S***, mon compagnon de route, à la nuit tombante, une clameur étrange, venue de quelques gourbis installés dans une clairière, en pleine forêt d'oliviers, nous arrête, méfiants.

Ce sont d'interminables *you-you-you* chantés, gémis par des voix suraiguës de femmes, sur une musique sauvage, scandée des battements sonores du *tar* ou du darboucka et de la résonance des castagnettes de cuivre.

Un vieil Arabe surgit à deux pas de nos montures et se confond en salutations, en nous priant, avec force gestes, de mettre pied à terre.

La curiosité nous fait lui obéir ; nous le suivons, une main à la bride des chevaux, l'autre, négligemment reposée dans la poche à révolver.

Parvenus à quelques mètres du douar, nos appréhensions s'éclipsent, quand deux bédouines surchargées de progéniture, nous prennent par le bras et nous entraînent dans un gourbi où, sur une natte, sont préparés le couscouss fumant autour d'un mouton rôti entier, des confitures parfumées, de longues tranches de miel, des régimes de dattes et de bananes, des galettes à l'anis, des tasses de kaouah et des cigarettes ambrées.

— Une noce arabe..., nous sommes chez le fiancé, me glisse à l'oreille M. de S.

Nous nous accroupissons sur le sol, parmi l'assistance composée d'une vingtaine d'hommes, et goûtons aux friandises.

Au dehors, les femmes et les enfants se livrent aux préparatifs de la noce et, tout en travaillant, poursuivent d'une voix toujours gutturale, suraiguë, leur interminable *you-you-you*.

Une demi-douzaine de musiciens noirs composent l'orchestre accroupi à quelque distance.

Le père du fiancé nous présente son fils et ses femmes. Lui est un vigoureux gaillard, dont l'épousée, cette nuit n'aura certainement pas à se plaindre. Quant à *ses* mères, ce sont trois femmes assez laides, dont la plus jeune semble capter les attentions du vieux et l'envie de ses rivales.

Jusqu'à minuit, il nous faut manger ou faire semblant, boire un atroce petit-lait et fumer du tabac blond saupoudré de kif.

Soudain, éclatent au loin de nouveaux *you-you-you*... qui, en se rapprochant du douar, deviennent de plus en plus distincts.

Après quelques instants, débouche dans la clairière, une bande de femmes, de jeunes filles escortant un chameau conduit à la corde par un vieil Arabe, le père de la fiancée.

D'une sorte de palanquin en sparteries juché sur le chameau, une jeune fille surgit et se laisse glisser à terre dans les bras de ses compagnes. Tout ce monde dansant, riant, *you-youyant* à plaisir, s'engouffre dans le gourbi, où, depuis quatre heures, nous festoyons.

Et l'on festoie encore... et ça n'a pas l'air de vouloir se terminer de sitôt.

Mon ami et moi, échangeons des regards et des monosyllabes qui en disent long.

Notre curiosité menace de nous coûter une nuit blanche et une indigestion de couscouss et de confitures.

Le petit jour pointe au dehors, quand tout le monde se lève, titubant, congestionné. Seule, l'épousée et deux vieilles mauresques demeurent dans le gourbi. Le fiancé accompagne ses invités à quelque distance, parmi les oliviers.

Et quand la vierge est toute nue, prête au sacrifice, les deux matrones viennent quérir le jeune homme et le ramènent sous le gourbi nuptial.

Alors, M. de S*** et moi, remortés en selle, nous sommes éloignés au pas, à la suite des invités, parmi les *you-you* des femmes et la sauvage mélopée des musiciens noirs,... puis, bientôt, à nos yeux, tout ce cortège en burnous a disparu, au loin, derrière un bouquet d'eucalyptus, les clameurs et la musique se sont étouffées, de plus en plus confuses, et, par la campagne arabe, redevenue déserte, dans la fraîcheur parfumée de la nuit agonisante, les premières traînées blêmes de l'aube ont glissé parmi les oliviers et les tomahawks monstrueux des cactus, — ainsi que d'autres cortèges de burnous, retour d'autres noces..., de noces silencieuses, fantômales......

. . . .

Carthage.... L'excursion classique du touriste en Tunisie.

Dans un de ces vastes mais crasseux landaus conduits par un Arabe ou un maltais, nous sommes partis ce matin par l'avenue de Bab-el-Kadra, pour gagner la route qui, au troisième ou quatrième kilomètre, bifurque, à droite sur la Goulette, en longeant la voie ferrée italienne et le lac, à gauche vers la Marsa.

Pendant plus d'une heure nous parcourons une immense plaine verdoyante tachée de loin en loin de bouquets d'oliviers, de haies de cactus ou de misérables gourbis. De rares Arabes à califourchon sur un bourriquot et suivis de leur femme à pied, écrasée sous le poids de couffins et d'enfants, nous croisent sur la route.

La colline de Byrsa apparaît à droite, couronnée de l'imposante basilique éclatante de blancheur sur l'azur d'un ciel immaculé.

Deux kilomètres plus loin, notre itinéraire nous fait tourner brusquement à gauche, par une route plus étroite qui contourne une colline, le djebel

Khaoui, dont les Carthaginois avaient fait une nécropole et au nord de laquelle nous trouvons, parmi une végétation magnifique, entre la mer et le cap de Sebkra-el-Rouan, un groupe de villas formant la petite localité de Kamart.

Au sortir de la blancheur aveuglante du soleil, implacable sur la route, nous tombons dans une atmosphère exquise de fraîcheur et d'effluves de végétaux et de la mer, dans la lumière tamisée des sous-bois. Vers le N.-O., d'interminables dunes de sable font une sorte de rempart au groupe d'habitations, puis se poursuivent jaunes et monotones, jusqu'à l'embouchure de la Medjerda.

Une halte de quelques instants, puis nous regalopons vers la Marsa par une autre route qui escalade la colline, au pied de laquelle commençaient les formidables murailles de Carthage et s'ouvrait la porte d'Utique.

El Marsa est certainement, aux environs de Tunis, le plus joli, le plus coquet, le plus délicieux coin qu'on puisse rêver. Plus important que Kamar, des industriels, des kaouetji y ont installé boutiques.

Les autres constructions ne sont que palais, villas, résidences d'été, enfouis dans la verdure. Le palais de Son Altesse, n'a rien d'intéressant à l'extérieur. C'est une immense bâtisse carrée, sans architecture. Les murailles, crépies à la chaux, n'offrent d'intérêt au visiteur que par ce qu'il suppose s'y passer derrière.

Elles abritent, en effet, le harem d'Ali-Bey.

Dans la cour, est installé un petit parc d'artillerie, où vont et viennent des officiers à checchias et bottes à l'écuyère, traîneurs de sabre, sans trop de morgue.

Plus loin, une caserne, un champ de manœuvres où des fantassins font de l'escrime à la baïonnette.

Sous les oliviers, des musiciens, des clairons et des tambours, en uniforme garance soutaché de jaune, se livrent à un vacarme ahurissant.

Au pas des chevaux énervés par la vue de ces couleurs, aussi hurleuses que la cacophonie des instruments et des batteries, nous passons devant les jardins princiers de la *Camilla*, résidence d'été du Ministre français, puis, devant l'ancien palais, de construction sarrazine, du bey Abdélia, et nous reprenons notre première allure vers Sidi-Bou-Saïd dont les blancheurs, sur le faîte de l'ancien Cap de Carthage, provoquent, de loin, en mes souvenirs, une vision réduite d'Alger aperçue de deux milles en mer.

Après une montée de trois kilomètres, nous atteignons les premières maisons du village et la fontaine publique où, pêle-mêle, se désaltèrent une troupe d'ânes et de chameaux chargés de charbon. Force nous est d'abandonner notre voiture pour grimper à pied la rue principale pavée et presque à pic.

A peine cinq ou six boutiques d'épiciers, de kaouetji et de marchands d'huile, dont les propriétaires, accroupis sur le seuil, écoutent, prostrés, la lecture d'un livre faite par l'un d'eux, d'une voix rude, monocorde.....

Notre irruption ne semble nullement les importuner. C'est tout au plus si leurs yeux daignent se relever de terre pour nous toiser au passage.

Puis ce sont de belles maisons mauresques aux fenêtres étroitement grillagées et par lesquelles nous pressentons, dardés sur nous, des regards de belles oisives, d'éternelles cloîtrées. Les portes d'entrée, ogivales, sont presque toutes peinturlurées en vert ou en bleu, blindées d'énormes clous et de ferrures ouvragées.

Toutes les murailles sont blanches, uniformément blanches, et, de loin en loin, dans l'intervalle entre deux maisons, éclate au bas du promontoire l'émeraude resplendissante de la Méditerranée.

Dans les ruelles, d'une rigoureuse propreté, partout, un silence lourd, s'affale, un silence incendié de soleil, aveuglé de clartés cruelles.

On se croirait errant par quelque cité de conte oriental, cité déserte, hallucinante, abandonnée d'un peuple couru aux aventures très lointaines, aux aventures d'où jamais nul ne revint.

Etreints nous-mêmes par ce silence, écrasés sous cette averse de feu, nous marchons, sans paroles, sans entrain, rebutés presque, et nos regards abandonnés flottent sur le panorama soudain déroulé de Carthage à La Goulette et au Lac Bahira, jusqu'aux cimes irradiées du Zaghouan.

Au long de la descente, à travers champs, de la koubba du patronymique Marabout de Sidi-bou-Saïd, nous rencontrons les ruines éparses de la basilique Damous-el-Karita découverte par le R. P. Delattre, puis, sur notre gauche, vers Bordj-Djedid, un couvent de sœurs franciscaines, plus loin, la maison jadis habitée et les vignobles plantés par le Cardinal Lavigerie.

Nous parvenons ainsi sur l'emplacement des anciennes citernes de Carthage, qu'alimentaient, par un aqueduc de cent kilomètres, les sources Djoukar et Zaghouan, et aujourd'hui comblées en partie jusqu'au bas des voûtes. C'est là que s'érige le petit village et la station de la Malka-Saint-Louis.

« *Cœterum censeo Carthaginem esse delendam!* » L'austère Caton ne devait pas espérer que son avis, tant de fois répété à la République et jeté en imprécation contre la puissante cité africaine, se réaliserait aussi implacablement le long des siècles, depuis les premières guerres puniques, le pillage par Scipion Emilien, le relèvement par César, l'invasion des Vandales, la reprise par Justinien, et cent ans plus tard, par les Arabes, jusqu'après l'abandon définitif et la ruine de *Karthad-*

Hadta, conséquences de la Croisade de saint Louis.

Car, depuis le treizième siècle jusqu'au nôtre, Carthage-la-Grande, la formidable acropole de Didon, s'effondra, s'effrita, se dispersa aux quatre coins du monde, sous la forme de ses richesses, de ses colonnes, de ses marbres précieux que Gênes, Pise, Tunis, Constantine et cent autres villes plus lointaines, se disputèrent avidement.

De toutes ces splendeurs illustres, il ne subsiste aujourd'hui que des ruines éparses, des ruines de fondations, de souterrains voûtés, sans beaucoup d'éloquence évocatrice.

Vers la Malka, nous avons côtoyé tout à l'heure quelques énormes blocs de maçonnerie disposés en ellipse : c'est tout ce qu'il reste du fameux amphithéâtre carthaginois.

Plus loin se trouve Bir-ed-Djebbana, emplacement de deux cimetières chrétiens et de deux païens, qui ont fourni au Musée des Pères Blancs une grande quantité d'épitaphes, de lampes, de mosaïques.

Les fouilles, presque toutes dirigées par le R. P. Delattre, ont fait découvrir, parmi les principales curiosités : une muraille de grandes amphores romaines dont le col porte les noms des consuls, sous lesquels se fit la récolte du vin — un grand nombre d'absides romaines provenant d'édicules consacrés à toutes les divinités du paganisme, —

une maison byzantine, une nécropole punique, un cimetière musulman,....

. . . .

. . . .

Chère petite Maud, ces deux lignes de points de suspension sont chargées de vous en dire aussi long que toutes les conférences de la Société archéologique de Carthage et les compilations laborieuses du R. P. Delattre.

Je voudrais me rappeler et vous décrire tout ce que j'ai vu cette fois et les dix autres fois que j'escaladai l'acropole de Byrsa... je ne le puis raisonnablement ; mes *mots* à *Maud* tourneraient au catalogue de Musée et n'ajouteraient même pas un humble caillou à la patiente et admirable reconstitution de l'érudit religieux, dont la Science a écrit pour longtemps le nom dans ses fastes.

Aujourd'hui, la basilique de saint Louis érige sur l'acropole sa masse blanche, dont les dentelures, les flèches et les coupoles de son style byzantin-mauresque ardent, ondulent majestueuses vers l'infini d'azur.

Construite en forme de croix latine, elle tourne sa façade vers Tunis et est percée de trois immenses portes surmontées d'une rosace, et flanquée de deux tours terminées en couronnes ajourées.

Le chœur est recouvert d'une vaste coupole entourée de huit clochetons. L'abside aussi est à coupole. Les escaliers conduisant aux terrasses sont enclavés dans les quatre tours d'angle du transept.

L'intérieur comprend trois nefs à galerie séparées par des arcades retombant sur des colonnes en marbre de Carrare et à chapiteaux dorés.

Le chœur, inachevé, n'a encore qu'un autel, à la gauche duquel s'élève le trône de velours cramoisi de l'archevêque. Derrière, à l'abside, un reliquaire en bronze doré renferme ce qu'on retrouva ayant appartenu à saint Louis.

Enfin et surtout, le plafond, en caissons à fond rouge et criblés d'arabesques sculptées et dorées, qui se répètent sur les vitraux des fenêtres géminées, est une merveille de couleurs, d'éblouissance, de faste byzantins, tourmentés, originalisés par les fantaisies énigmatiques du style arabe.

Du côté de la mer, toujours sur l'emplacement de Byrsa, s'élèvent le séminaire des Pères Blancs, le Musée et la Chapelle de Saint-Louis.

Cette dernière, construite depuis 55 ans à l'endroit où l'on suppose que mourut le roi, frappé de la peste parmi ses troupes, est un édicule de forme octogonale et à coupole.

L'intérieur froid et nu ne possède qu'un autel austère surmonté de la statue du héros.

Quant au Musée qui précède la salle des croisades, décorée de belles fresques peintes par l'abbé L'Alouette sur des épisodes de la vie de saint Louis, c'est la plus curieuse, la plus riche collection archéologique qui existe sur la Carthage chrétienne, avec ses lampes, ses mosaïques, ses plats, ses vases, ses bas-reliefs, — sur la Carthage punique, avec ses vases corinthiens, ses scarabées, son mobilier funéraire, ses masques, ses ex-voto — sur la Carthage romaine, avec ses amphores, ses bustes, ses mosaïques, ses figurines, ses fresques, ses lampes, ses monnaies et ses bijoux — sur des époques diverses, enfin, avec ses monnaies arabes en verre, ses monnaies vénitiennes, espagnoles, ses boucles, ses agrafes, ses camées....

La quantité de lampes étrusques et de camées découverts dans les fouilles fut telle, il y a une douzaine d'années, que d'ingénieux industriels ne manquèrent point d'exploiter la naïveté des touristes en quête d'un vestige Carthaginois, par la vente de poteries étrusques fabriquées à Marseille et de camées romains en celluloïd.

Ce fut évidemment la clientèle des Anglais qui fit le plus fructifier cette petite industrie.

De la véranda du restaurant où nous dejeunâmes, sur le versant de la colline faisant face à la mer, le spectacle est saisissant.

A notre gauche, éclatent plus aveuglantes, sur leur promontoire de terre rougeâtre, les blancheurs de Bou-Saïd, et tout au loin les îles Zimbretta, minuscules taches noirâtres sur l'améthyste des flots. Devant nous, au-delà du golfe, Kourbès,

Soliman, les Aquœ-Capitanœ. Puis le djebel Bou-Korneïn dont les deux cimes jumelles érigent au-dessus de cette terre d'Orient, un symbolique croissant. A son pied, Hammam-el-Lief. Plus loin, le djebel Zaghouan, enfin à droite, la rade de la Goulette, le lac Bahira et les deux jetées parallèles de son chenal.

A nos pieds, les bâtiments d'un lazaret désaffecté, construit sur l'emplacement des ports militaire et marchand de Carthage. A quelques cents mètres en mer, émerge le faîte d'énormes blocs de granit, considérés comme les débris de la digue de Scipion l'Africain....

Après avoir apprécié à sa juste valeur les crûs du clos de l'Archevêché, passé notre après-midi dans le Musée, acheté quelques médailles et bibelots commémoratifs et signé notre nom sur l'album des visiteurs, nous voulûmes, avant de partir, revoir du perron de la chapelle Saint-Louis cet incomparable panorama.

Le soleil venait de crouler derrière les collines de Djaffar et de l'Ariana.

Au-dessus, de longues traînées de cinabre fantasmagorisaient le ciel d'un bleu plus gris.

Dans la plaine, au pied de la colline de Byrsa, une vingtaine de Pères Blancs, vêtus du burnous et d'effets de laine et coiffés de la checchia, regagnaient le monastère, trois par trois, sur la route poudreuse.

Derrière, suivaient des charrettes et des instruments de culture.

Nous distinguions leurs visages hâlés par le soleil et, jeunes ou vieux, portant toute la barbe. D'aucuns, parmi leurs bandes de trois, semblaient deviser gaiement, avec animation, d'autres, le front bas, devaient prier.

Pas un bruit ne montait à nous, de la plaine qu'une brise de la mer affraîchissait un peu à cette fin de jour caniculaire.

Seul, le grondement assourdi des flots sur les dunes se faisait entendre, par intervalles.

Soudain, un grand vol de flamants, là-bas, vers la Goulette, fit palpiter des fuites roses au-dessus des eaux vertes et figées du lac Bahira,... une voix triste d'orgue exhalée de la basilique, s'essora à leur poursuite...

Et, je ne sais comment, dans ce vol épeuré d'oiseaux roses, dans cette voix pleureuse d'orgue cloîtré, je vis passer l'âme énamourée de Didon, j'entendis, râlant sa voluptueuse agonie, la brune fille de Bélus, cependant qu'à mes pieds, les flots étouffaient de longues clameurs de Vandales et que, là-bas, au-dessus des moines aux robes gonflées par la brise du soir, cheminant toujours trois par trois, rieurs ou fervents, là-bas, plus haut que la cime des djebels, plus loin qu'on ne sait où, triomphait, impassible, l'effroyable Enigme de l'Eternité, parmi l'apothéose sanglante des Couchants....

. . . .

15 *Mars*. — Et voici, pour quelque temps, mes derniers *mots* à vous, Maud. Demain je quitterai ce beau coin d'Afrique pour regagner Paris, où trop de choses me rappellent, à qui tant de choses me rattachent, ce Paris affreusement cher, cet Inoubliable, cet Obsesseur dont, éperdues, nos existences d'art, de Rêve névrosé réclament la stimulante, fustigeante et fiévreuse atmosphère, comme une morphine, comme un poison délicieusement meurtrier.

Oui, je vais repartir et clore ici mes Notes de route griffonnées à votre intention, ma Jolie, sans même vous parler des quelques autres villes de Tunisie que le hasard de mes vagabondages me fit trop peu connaître :

Kairouan, la ville sainte aux vingt-six mosquées, où repose Sidi Sahab le barbier du Prophète, Kairouan, aux cinquante-cinq zaouias, aux innombrables cimetières, et dont le pèlerinage est pour le Musulman un gage de salut éternel,... El Kef, audacieusement juché sur les rocs, Gafsa aux palmiers gigantesques, aux forêts d'oliviers, et dont la forteresse fut le dernier abri de Jugurtha réfugié dans ses murs, avec ses femmes et ses trésors,... Sousse, la capitale du Sahel, toute blanche parmi la verdure des oliviers et des eucalyptus, comme Nabeul, comme Sfax, Gabès....

De toutes ces visions de blancheur, de soleil et d'incomparable végétation, je vous entretiendrai quelque jour, de même que de cent autres détails et d'anecdotes volontairement omis.

Le hammam, le barbier et le notaire arabes, la pierre de fécondité du marabout Sidi-Fethalla, sur laquelle les femmes stériles vont glisser à plat-ventre, afin de procurer à leurs entrailles un pouvoir que, dans les leurs, nos Parisiennes d'aujourd'hui travaillent à abolir ; tout cela, et bien d'autres choses tentent ma plume. Rassurez-vous,... pour aujourd'hui elle résiste.

Vous ne saurez même pas un mot de Gênes ni de Turin, que je traverserai à la hâte,... dans la hâte de vous conquérir Parisienne d'hiver.... avec le Printemps de France.

Hé! oui, le Printemps, ma chère! Faut-il que, moi, Tunisien d'un trimestre, je vous apprenne qu'en Alsace viennent de réapparaître, sillonnant le ciel gris, des cigognes blanches, messagères du Renouveau ?

A Paris, j'en suis sûr, le soleil vous fait risette à travers la vapeur mauve alanguie sur les toits. Les rues sont sillonnées de fiacres surchargés de bagages, bondés de Parisiens retour de Nice, d'étrangers ou de provinciaux en débauche annuelle de capitale. A gauche du cocher, la bonne en tablier et bonnet blancs.

Des charretées de fleurs précoces stoppent au

ras des trottoirs, assiégées par de beaux Messieurs en redingote, de belles Madames en toilettes semi-claires, retour de l'office d'onze heures.

Les terrasses de café doivent risquer deux rangées de chaises et de guéridons, sous l'ondée tiède de ce soleil de Mars ; tout sourit : les femmes, les fleurs qui passent, l'absinthe dans les verres, les agents de ville sur les refuges,... et, si un cortège d'enterrement traverse un carrefour populeux, les fleurs des couronnes semblent, sur le corbillard, échanger un sourire pâle, à peine triste, avec les fleurs de la rue.

Une angoisse indicible doit étreindre plus d'une âme où vibre quelque chose de radieux et d'inconscient comme au revoir prochain de quelque Absente douce.

C'est la Sainte Espérance, sœur pure et bienfaisante de la Miséricorde et de la Foi,..... C'est la Sainte Espérance, retour des steppes d'exil, qui va réintégrer la cité grise de ces âmes, Vierge guerrière travestie en Chevalier-Printemps, chevauchant son palefroi de Rêve, parmi des jonchées odoriférantes de lys, de jasmins et de roses,... dans la gloire amoureuse d'un rayon de soleil.

Puis, le Boulevard aussi, bientôt sera en fête. Après les royautés culbutées chaque jour : royautés de Parlement, de Monde ou de Finance, la Mi-Carême érigera la sienne, en la personne de la plus belle élue des lavoirs parisiens.

Nous la verrons bientôt, la jeune Souveraine, dans son joyeux cortège hétéroclite, défiler sur nos avenues, parmi la multitude de truands et de badauds que nous sommes.

Reine, petite reine d'un jour, fragile Majesté, qui, dès le soir venu, devras abandonner ta couronne et ton sceptre, te dépouiller de tous tes falbalas de pierreries, de pourpre et d'ors,... qui devras descendre de ce char de fête où tu trônais émue, parmi les fleurs et les courtisanes, en une escorte rouge et grise de mousquetaires chevauchants, de fanfares, de sonneurs de trompes, de hérauts, de piqueurs, de fauconniers, de meutes de sloughis tenus par des varlets, de pages et de gens d'armes,.... qui devras renoncer, tout d'un coup, tant de chimères mirifiques et tant d'illusoires splendeurs, endors-toi, ce soir-là, sereine et sourieuse, sûre que ton règne très court ne connut de la Foule que sa liesse imbécile et ses enthousiasmes braillards, et resta pure de ses jalousies, de ses rancunes, de ses lâchetés et de ses hontes,... que tes yeux se closent doucement extasiés sur cette vision béate de gloires et de merveilles...

Mais le lendemain, à l'aube, ô plébéïenne auguste, réveille-toi dans l'oubli de la veille, redeviens la belle lavandière aux bras nus, à la cotte troussée, aux sabots claquants, au rire épanoui,... et Reine, petite reine d'un jour, si fragile Majesté, Majesté pour rire, qui peut-être te croiras déchue pour de bon, reprends ton battoir en chantant et savonne, vigoureuse et goguenarde, le linge impur de tes sujets !

. . . .

Là-bas, sous les grands arbres aux branches moins noires, moins décharnées, ardant la virilité des bourgeons,.... autour du donjon, où avalanchera le soleil, à pleines baies, à toutes meurtrières, bientôt aussi, dans les parterres reverdis, riront les giroflées, les géraniums, les pervenches et, seins impudiques, les pivoines gonflées, cramoisies de sang rose, éclateront sous le rut de midi, près des iris aux longs pétales mauves et violacés, aux longs pétales maladifs qui, fendus, s'écartant de toutes parts, ainsi qu'une jupe d'arlequine valsante, divulgueront leurs dessous aux couleurs plus frêles, soutachés, sur un fin ourlet de satin blanc, de fastueuses lamelles pailletées d'or.

Puis, quelque matin de Mai, ce sera, par les ruettes du village, sous l'ombre des créneaux et des échauguettes aux pierres encore moussues par l'hiver, le départ, pour la messe, des petites communiantes,.... et quelques heures ensuite, leur sortie lente et recueillie sous le porche de l'église, entre la double haie de parents et de curieux....

Sous ce porche séculaire d'humble église de village, par ce matin de Mai où le soleil, plus blond et plus rieur que la veille, illuminera la Nature de toute la Grâce d'un Bon Dieu, mon âme agenouillée sur la dalle, à l'écart, parmi les mendiantes qui n'osent, regardera passer une à une, — en la théorie blanche et dévotieuse des vierges communiantes, précédées des petits tout de noir vêtus et des écarlates soutanelles de moinillons porte-Croix, semeur d'encens et criailleurs de cantiques, — la théorie blême et douloureuse de ses jeunes illusions à jamais flétries et des ferveurs qu'elle ne sait plus.....

Donjon de Boleyn, 1896-97.

FIN

TABLE

	Pages
I. — *Eros rosse (Avant-propos)*.	5

Première Partie. — LE CARQUOIS ET LES FLÈCHES

II. — *Chi lo sa ?*	17
III. — *Le Marasquin*.	22
IV. — *Le Bâton-Signal*.	30
V. — *L'Avis des Seins*.	40
VI. — *Séraphine*.	50
VII. — *Record d'Almée*	55
VIII. — *La Saisie*	63
IX. — *Palmes et Martyre*	79
X. — *Le Rapt*.	92
XI. — *Les Noces de Cana*	103
XII. — *Célérité et Discrétion*	113

Deuxième Partie. — LE VENIN

XIII. — *Pèlerinage*	135
XIV. — *Nini-la-Poivrade*.	141

	Pages
XV. — *La Libellule*	154
XVI. — *Le Véglione*	160
XVII. — *Abécédaire*	172
XVIII. — *Sœurette.*	177
XIX. — *Par les Baguettes.*	194

Troisième Partie. — MOTS A MAUD

Motif en mie majeure (p. 209). — Paris déserté (p. 210). — Brises-sous-Gorge (p. 212). — Le domaine et les Seigneurs de Brises, Anne de Boleyn, le donjon (p. 213). — Départ à la Messe (p. 220). — Cher Maître! (p. 221). — Fête locale (p. 221). La Neige ! (p. 223). — Patineuses (p. 226). — Matinée de printemps,)... Sur les collines de Frileuse (p. 228). — Le Père Rufian, les Prussiens et les rats (p. 228). — Les deux petites sœurs grises (p. 234). — Chambrette et pastel roses (p. 235). — Nuit de Noël (p. 237). — Jour de Noël, Paris des étrennes (p. 238). — Départ pour Marseille (p. 239). — Arrivée, Marseille et ses ports (p. 240). — A bord de « La Ville de Rome » (p. 242). — Lendemain, Nuit de bord (p. 243). — Quatre heures du matin, dans le chenal de la Goulette (p. 248). — Tunis, le Quartier franc (p. 250). — Bains de soleil (p. 253). — Du Belvédère, vision d'Orient (p. 254). — Dimanche (p. 256). — La Flotte du bey, prise de Malte (p. 257). Départs de bateaux, Adieux (p. 261). Mon ami Ahmed, les Souks, le quartier indigène, les portes, le café Maure, Gypsie bédouine (p. 264). — Note de route de la tournée du Résident (p. 276). — Le Bey et son escorte (p. 277).

— *Cimetière et enterrement arabes* (p. 278). — *...Ceci n'est pas conte...* (p. 281). — *L'esthétisme exporté* (p. 285). — *Dimanche, vêpres et bandit sicilien* (p. 289). — *Le Bardo et le Musée Alaoui* (p. 291). — *Le Rhamlane, Karakousse* (p. 294). — *Chasses, nuit d'affût* (p. 299). — *Noces indigènes* (p. 302). — *Kamart, La Marsa, Sidi-bou-Saïd, Carthage... Vision* (p. 305). — ***Derniers Mots, Retour*** (p. 316). — *Printemps de France et Renouveau d'âme* (p. 317).

Extraits des Critiques

PARUES SUR

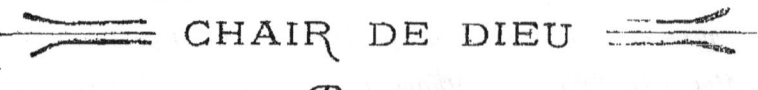 CHAIR DE DIEU

Roman

DE

MARCEL MOUTON

. . . .
Un poète aussi, Marcel Mouton, dont je rappellerai les *Tendresses et Rancœurs*, un volume de vers délicats, mais dont l'imagination, dans sa nouvelle œuvre, ne se complaît guère aux églogues.

Son livre *Chair de Dieu*, qui vient de paraître chez Flammarion, est d'une grande véhémence sacrilège et a pour héros un jeune prêtre à qui l'Amour apprend l'horreur des messes noires, où l'hostie est profanée. C'est une œuvre de fougue qui ne laisse pas d'être troublante par sa véhémence et le charme de son style, et qui mérite un vrai succès . . . .
. . . .

ARMAND SYLVESTRE.

(Le *Journal*, 5 octobre, 1896.)

. . . .
CHAIR DE DIEU, tel est le titre étrange du dernier roman passionnel de **Marcel Mouton**. (*E. Flammarion*, éditeur). Le délicat poète des *Tendresses*, le jeune et vibrant psychologue des *Joies Cruelles* traite magistralement, dans ces nouvelles pages, la question si curieuse, si poignante de la névrose mystique.

On y voit l'Artiste, le rêveur gravir, meurtri, mais toujours magnifié; le douloureux calvaire de la Vie,..... un calvaire au faîte duquel surgit, en une horrible apothéose, l'Amant, un jeune prêtre, encore tout sanglant de la lutte entre sa foi et sa passion et dont les mains brandissent, lacérées, leur abominable sacrilège, au-dessus de la couronne d'épines du divin Crucifié.

Les délicats, les tourmentées, les chercheuses d'au-delà et de charme troublant, trouveront dans **CHAIR DE DIEU** de quoi se délecter, en outre du vrai régal littéraire qu'offre toujours le style si savoureusement exquis de Marcel MOUTON.

Le Paris, La Paix, Le Jour, septembre 1896.

. . . .

Nous attendons beaucoup, dans l'avenir, de Marcel Mouton. Son dernier ouvrage : *Chair de Dieu* très exactement sous-intitulé : « roman passionnel », serait un chef-d'œuvre, s'il ne se rencontrait de ci, de là, des inégalités qui dénotent la main d'un *Jeune*.

Le roman, subordonné à l'étude psychologique contenue dans le livre, est nécessairement d'une simplicité saisissante, et va loin pour prouver que l'Amour, quelque profond et passionné qu'il soit, n'est pas suffisant pour jeter les fondements d'un bonheur durable, s'il n'est accompagné du respect et de l'estime.

D'une moralité élevée, quelles que soient les conclusions que nous en tirions, nous ne devons pas omettre de mentionner que *Chair de Dieu* contient quelques pages d'un réalisme qui brutalise un peu.

Nous n'entendons point appliquer cette remarque à l'une des plus belles descriptions de combats de taureaux que nous ayons jamais lues, et nous complimentons M. Marcel Mouton sur son honnête tentative de chercher à détourner de ce qui, en ces derniers temps, semblait près de devenir une rage en France.

Nous sommes désolés de ne pouvoir le louanger sur le choix de ses titres . . . .

Londres, *Pall-Mall Gazette,* 23 Mars 1897.

" Chair de Dieu "

ET

MARCEL MOUTON

 Combien je suis heureux de saluer et de rendre hommage à ce Jeune — mon maître — qu'est Marcel Mouton, pour sa nouvelle œuvre: *Chair de Dieu*. Cela nous réconforte et nous console du pathos pitoyable et bourbeux, marchandise ordinaire des officiels fabricants de livres annuels.

 Tendresses et Rancœurs, un recueil de vers, furent les premières pages que l'auteur, comme un défi, jeta à la Foule. C'était une révélation. La forme de ces poèmes, tantôt gracieuse, tantôt amère d'un sarcasme exacerbé — mais forme toujours très hardie — valut au Poète, qui récita lui-même quelques-unes de ces pièces au *Chat Noir*, un succès aussi vif que mérité.

 Et cette hardiesse non seulement d'images, encore de langue, ces « brutalités » pour me servir du mot de François Coppée qui préfaça *Tendresses et Rancœurs*, devaient s'affirmer, je dirai magnifiquement (le mot n'est pas trop fort), dans les ouvrages futurs.

 Rut pour la Vie, roman qui suivit, m'en fournit l'évidente preuve.

 Ici, Marcel Mouton impose son habituelle et généreuse audace, bouscule et étrangle les Préjugés, en dépit du bourgeoisisme crasseux et sycophante.

 Voici, d'ailleurs, étalée superbement, la synthèse de *Rut pour la vie*, en ce passage de son avant-propos :

 « J'y parle moins de la Femme que de l'Amour, moins de l'Amour « que la Vie. »

 « J'y dis surtout la poussée effroyable des cupidités, l'effervescence « des égoïsmes, le levain des hypocrisies,...,

 « J'y souligne le RUT épouvantable des esprits et des consciences, « ce Rut de la Masse, monstrueuse Prostituée, - marchant pressée et

« turgescente à la stellaire conquête du louis d'or ; ce Rut, autre-
« ment ignoble et fallacieux dans sa hideur gigantesque que celui de
« la paria, offrant au mâle la pâture tarifée de sa peau, la nuit, au
« tournant du trottoir, et confondant, dans un même cri du ventre,
« sa fringale et l'amour... »

Voilà. Et, en 400 pages se déroulent de magistrales ivresses et d'in-
finies détresses, — kaléiodoscope infernal par lequel la Vie, toujours
changeante et toujours pareille, met à nu ses plaies, les offre en san-
guinolents spectacles.

Le dernier chapitre, une prise de voile, de reposante et jolie éru-
dition, clôture suavement cette « poussée » de révolte et pose sur
la teinte un peu grise de ces pages, comme l'irisée transparence de
douces larmes.

Il était nécessaire, afin de mieux faire connaitre l'écrivain —
quoique déjà bien connu — que je remontasse la route parcourue.

Chair de Dieu, le roman nouvellement paru est, celle-là, une
œuvre maîtresse, qui frappe par son incontestable originalité. Les
caractères, tous d'une psychologie raffinée, se dressent, se campent,
évoluent avec cette grandeur hyperbolique, cette exagération de
silhouette qu'ont les choses au crépuscule. En cela, *Chair de Dieu*
diffère absolument de *Rut pour la vie*. Dans ce dernier, c'est l'action, la force animale suscitant l'imbroglio des intrigues ; l'exhalaison
méphitique de l'humain fatras ; le dégoût vomi sur la vastitude des
écœurantes putrescences. Dans *Chair de Dieu* : l'Artiste, le Poète
surgit, vivant un rêve meurtri ; le Prêtre, découvrant enfin l'inanité,
le mensonge et presque la lâcheté de sa soi-disant mission ; la
Femme qu'un séjour au couvent rendit monomane et qui refuse son
cœur à l'homme pour le donner à l'amour chimérique du « Royal
Epoux. » Point ou presque pas d'action : des soliloques. L'Auteur parfois s'évade en pleine métaphysique et alors, défilent d'admirables
pages sur le Rêve, l'Illusion, la Foi, l'Amour ; ou bien il se complaît
en de charmantes digressions, évocations d'un archaïsme exquis.

J'eusse voulu citer, *in extenso*, ce journal de couvent « Heures
claustrales » d'un style exégétique vraiment remarquable, et ses
invocations au « Royal Epoux » empreintes d'une délicieuse
et prenante poésie.

Les derniers feuillets, surtout, sont d'étonnante beauté ; atteignent
une intensité dramatique éprouvée seulement jusqu'ici à la lecture
de Shakspeare ou de Zola. Les personnages surélevés, magnifiés,
tremblants d'émotion contenue, semblent se concerter pour l'éclosion
d'une grande action... et l'action s'épanouit luxuriante ; la Passion
qui fut, à dessein, réfrénée, saisit le lecteur de ses muscles aux forces
décuplées, le terrasse en une splendide expansion de ses sèves deve-
nues inflorescentes.

Et l'on songe, en fermant les yeux, aux moyens que peut employer la Femme contrariée dans ses amours ; à la despotique puissance de la Femelle qui corrompt, qui mine tous sentiments nobles, qui n'hésitera pas à s'emparer d'un prêtre pour instrument de vengeance — un prêtre qui vécut bon, honoré, glorieux et qui poussera jusqu'au crime, renversant le Christ adoré par un long passé... Il n'existe plus de Dieu, la Femme le détrôna en effleurant les lèvres du Prêtre !

Il serait à désirer que l'Auteur prît la peine de tirer, de son roman, une pièce et qu'un Directeur, soucieux de présenter du nouveau et du recherché, voulût bien l'accueillir ; car cette œuvre au style impeccable, dont chaque monologue même renferme une *action intéressante*, demande, réclame l'admiration du Peuple. Nous avons assez du théâtre mélodramatique, incapable de donner des fruits, de nourrir utilement le cerveau de la Foule ; et *Chair de Dieu*, mis à la Scène constituerait une œuvre de merveilleuse vulgarisation. Marcel Mouton, j'en suis convaincu, construirait un dernier acte de sublime élévation propre à satisfaire et les exigences du *vulgum pecus* et les plus délicats lettrés. Fasse donc que mon vœu soit entendu !...

La langue de Marcel Mouton, je l'ai dit plus haut, s'impose, personnelle, fertile en néologismes — cette qualité de l'écrivain de race. Précieuse, par endroits, mais d'une réelle puissance descriptive, les passages les plus abstraits prennent forme à l'esprit le moins cultivé. Peut-être la devise du romancier: *quod scripsi vixi*, y fait-elle pour beaucoup.

Je me permettrai toutefois de reprocher à l'artiste qui façonna *Chair de Dieu*, un scepticisme souvent cruel. Les morceaux poétiques de l'œuvre sont entachés par la vision du Mal stagnant sur tout et partout. A la souffrance, il oppose comme guérison le récit désolant de la souffrance, et cet antidote ne me paraît même pas un palliatif.

Mon appréciation est de simple détail. *Chair de Dieu* ravit, magnifique effort d'art, travail de penseur et d'excellente littérature. Qualités trop supérieures, je le sais, pour contenter l'idéal de nos soyeux petits roquets de lettres, dont la plume fébrile suppute la forte somme, résultat du nombre fantastique, mais rémunérateur des lignes *à faire*.

Les roquets soyeux aboieront. Marcel Mouton, dédaigneux, leur livrera en pâture son œuvre prochaine et cette fois, enragés, les roquets crèveront !

Heureusement, le grand Public « Arbitre et Maître » saura rendre justice au jeune romancier apparu en une somptueuse aurore et qui, — tout le fait présumer — s'endormira en un glorieux couchant..

Après avoir parlé — faiblement — de l'écrivain, qu'il me soit permis d'esquisser l'homme.

Buffon a dit : « Le style c'est l'homme même. » Jamais, avec Marcel Mouton, parole ne fut plus justifiée. L'esprit de ses livres, primesautier, ironique revit dans sa conversation, en boutades cuisantes en d'inattendus aperçus. Sans cesse le mot juste, l'image pittoresque. Chez l'Auteur des *Tendresses*, les flèches du Parthe se succèdent en feu d'artifice. D'humeur caustique, — parce que tempérament très français, — la douceur bleue des yeux atténue la malignité du rire, parfois excessivement sardonien. La voix charmeresse, principalement, lorsque sur les trémolos de l'orgue, elle déclame doucement langoureuse, arrive comme l'écho de son âme ; c'est une consolation pour ses amis martyrisés souvent par la main brutale de l'art, que de l'écouter, cette voix, largement persuasive, interprète gracieuse de ses hautes visions.

Grand, mince, harmonieux, la démarche élégante, le regard fier, Marcel Mouton, qui n'a pas trente ans, s'avance dans la vie, sûr de soi, prodiguant son talent comme une manne bienfaisante revenant de droit au Peuple, l'âme magnifiée, échappée belle des déplorables promiscuités d'une éducation militaire.

Travailleur opiniâtre, Marcel Mouton voulait un cadre, une ambiance qui lui permit de s'isoler, de fuir les accointances fastidieuses, idoines au mouvement parisien. Artiste fantaisiste, il lui fallait un sanctuaire unique Ce sanctuaire il l'a trouvé.

J'eus la bonne fortune d'aller passer quelques jours dans la nouvelle demeure de Marcel Mouton et pus en admirer l'installation.

C'est à quelques lieues de Paris, perdu parmi cette campagne adorable, qui dévale par delà la vallée de Chevreuse, que l'auteur de *Chair de Dieu* — les poètes ont de ces presciences — découvrit un donjon authentique du xiie siècle, le donjon d'Anne de Boleyn qui l'habita pendant son séjour en France.

Du calme vert et reposant d'épaisses futaies, les trois tours élèvent leur grisaille imposante. On pénètre dans la seigneuriale demeure avec la sensation bizarre de respirer l'odeur archaïque des âges défunts, et l'illusion se complète après l'inspection minutieuse des vastes pièces garnies de meubles lourds, la pesanteur des lanternes en fer forgé, rigides au bout des chaines massives ; la dentelle des créneaux déchiquetant le ciel bleu ; les meurtrières étalant leur rictus, sorte de moquerie posthume sur le siècle présent... et à venir. Oui, même restauré — et à grands frais — ce monument a conservé le cachet historique et il veille, exemple formidable de vétusté, sarcasme grandiose infligé à notre idiot décadentisme.

Notre romancier prépare pour bientôt (est-ce assez piquant!) un grand roman qui s'appellera ROYAL INCESTE (*Anne de Boleyn — La Haquenée du Roy*). La thèse de cet ouvrage, fort scabreuse, ne manquera pas d'être intéressante au plus haut point. Nous y retrouverons la folle et caractéristique audace des livres précédents et *Royal Inceste* aura la saveur d'une élucubration en atmosphère réelle à l'ombre des murs qui contemplèrent la fameuse héroïne, car les rêves d'antan, les souvenirs plusieurs fois séculaires semblent flotter timidement sous les plafonds armoriés et nos gestes de civilisés raffinés y traînent, instinctivement — tant est puissante l'influence des milieux! — d'ignorées allures héraldiques.

Ah! cher Marcel Mouton, comme nos voix ont peur de leur propre écho sous la majestueuse envolée de vos tours et comme leurs baies, pareilles à des gouffres, laissent entrer, avec l'adieu tragique du jour qui meurt, la sérénité pensive du silence! Respirer là, où respirèrent vos personnages, fouler le sol que foulèrent leurs pas, identifier votre pensée à leurs pensées, quel rêve plus parfait fit jamais un artiste!

Je me rappelle, la nuit, être monté tout là-haut et, alors que les minuscules chaumières d'alentour dormaient, paisiblement lugubres, avoir jeté à la Voie Lactée, parmi la fumée de nos pipes, les vers de nos enthousiastes vingt ans.

..... Et nous nous figurions voir, s'acheminant, comme dans les enluminures, rayonnante de la clarté nocturne, quelque Marguerite énamourée, la Marguerite des espoirs qui fleurit les Rêves et qui désole les cœurs.

D'ailleurs, Marcel Mouton pousse, jusqu'à la réalité l'illusion des temps disparus... et le réveil, un peu brusque de ses hôtes, s'effectue à sept heures du matin, résultat des détonations répétées d'un pistolet artistement ouvragé que brandit, sourire aux lèvres, le maître de céans. Quelquefois les crépitations d'armes à feu sont obligeamment remplacées par le roulement jupitérien de chaines dégringolant les deux cents marches.

* *

Donc, attendons-nous à une œuvre de puissante envergure.

Marcel Mouton, le Bienheureux, que n'étouffe plus l'air surchauffé de la capitale possède l'état d'âme reposant et sain, indispensable à tout écrivain.

Son imagination, embrassant l'immensité, peut vagabonder à l'aise, docile privilégiée de la nature.

Du faîte de ses créneaux, regardant de moins loin son enviable étoile, l'historiographe d'Anne de Boleyn continuera sa mission sacrée, — et déjà consacrée, — mission fraternelle et d'incomparable charité, comprenent la grandeur de Pasteur des esprits qu'est tout artiste, et suspendant avec le divin Musset :

> ..... *Et suspendant son âme*
> *Comme un luth éolien aux lèvres de la Nuit.*

MAURICE D'AUBERLIEU.

Septembre 1896.   *(La Revue Libre.)*

Tours et Mayenne, imprimeries E. Soudée.

Original en couleur

NF Z 43-120-8

www.ingramcontent.com/pod-product-compliance
Lightning Source LLC
Chambersburg PA
CBHW060627170426
43199CB00012B/1471